DIAGONALES

ESSAI SUR LE THEATRE ET LA PHILOSOPHIE

Olivier ABITEBOUL

DIAGONALES

ESSAI SUR LE THEATRE ET LA PHILOSOPHIE

Editions ARIAS

Université d'Avignon

DU MÊME AUTEUR

Diagonales. Essai sur le théâtre et la philosophie (PU d'Avignon, Editions ARIAS, 1997)

Le paradoxe apprivoisé (Paris, Flammarion, 1998)

Présence du paradoxe en philosophie (Villeneuve d'Ascq, Presses universitaires du Septentrion, 1998)

Crépuscule des préjugés (Paris, Publibook, 2001)

La rhétorique des philosophes. Essai sur les relations épistolaires (Paris, L'Harmattan, 2002)

Essai sur la nature et la conduite des passions et affections avec illustrations sur le sens moral (deuxième partie) de Francis Hutcheson, Avant-propos et traduction inédite de l'anglais (Paris, L'Harmattan, 2003)

Fragments d'un discours philosophique (Paris, L'Harmattan, 2005)

Fascinations musicales. Musique, littérature et philosophie (Paris, Editions Desjonquères, 2006) [et al. / dir. C. Dumoulié]

Une brève histoire de la philosophie à travers les textes (Paris, L'Harmattan, 2007)

Comprendre les textes philosophiques. Concepts en contexte (Paris, L'Harmattan, 2008)

Francis Hutcheson. Epistémologie de la morale (Paris, L'Harmattan, 2010)

La Fabrique du sujet. Histoire et poétique d'un concept (Paris, Editions Desjonquères, 2011) [et al. / dir. C. Dumoulié]

Bonne année... philosophique ! (Scotts Valley, CA, CreateSpace, 2012)

Il ne faut pas penser du mal du paradoxe (Scotts Valley, CA, CreateSpace, 2012)

Petite philosophie de la littérature (Scotts Valley, CA, CreateSpace, 2012)

Avant-Propos

Difficile de parler de rapports intimes entre le théâtre et la philosophie. Difficile de dire que des relations étroites unissent le dramaturge et le philosophe. Dès l'origine, on le sait, Platon chasse le poète tragique de la Cité. En fait, l'histoire des rapports entre l'un et l'autre est celle d'un impossible face à face. Ce qui ne veut pas dire pour autant qu'ils n'ont rien de commun. Il y a entre eux des échanges possibles. S'il semble impossible d'aller directement du théâtre à la philosophie ou de trouver une ligne droite qui mène de la philosophie au théâtre, en revanche, il est peut-être plus aisé de tracer des « diagonales ». C'est aussi indirectement, de biais, de manière oblique, « en diagonale », que l'on peut envisager une approche des liens entre théâtre et philosophie. *Diagonales* seront donc les lignes de notre parcours.

SOMMAIRE

Introduction
Première partie : Pour une théorie de la dramaturgie : de la haine à l'amour du théâtre
Chapitre I : Critique philosophique et rejet du théâtre
Platon : de l'illusion théâtrale au théâtre de la vérité
La critique du théâtre dans la *Lettre à d'Alembert* de Rousseau
Chapitre II : Analyse philosophique et éloge du théâtre
La valeur philosophique de la tragédie selon Aristote
Le paradoxe sur le comédien de Diderot
Le théâtre ou la poésie dramatique dans l'*Esthétique* de Hegel
Deuxième partie : Pour une dramaturgie de la pensée : théâtralité de la philosophie
Chapitre I : Philosophie théâtrale : le théâtre dans la philosophie
L'idée d'une dramaturgie cosmique chez les Stoïciens
Le paradoxe de la pensée tragique de Nietzsche

Chapitre II : Théâtre philosophique : la philosophie dans le théâtre
Trois mises en scène de la philosophie : *Solo* de Joshua Sobol, *L'Entretien de M. Descartes avec M. Pascal le Jeune* de Jean-Claude Brisville et *Emmanuel Kant* de Thomas Bernhard
L'engagement philosophique dans le théâtre de Sartre
Conclusion
Bibliographie
Table des matières

INTRODUCTION

On peut trouver dans le *Bulletin de la Société Française de Philosophie* (Janvier-Mars 1987) un compte rendu de la séance du 22 novembre 1986, qui portait sur le thème : « Théâtre et philosophie », et qui contient une réflexion de Jacques Chouillet parlant du « problème qui (me) paraît être fondamental, à savoir l'articulation de la philosophie sur le théâtre ou du théâtre sur la philosophie » (p. 22). L'idée est au fond que théâtre et philosophie vont de pair car toute pièce de théâtre vise, comme toute philosophie, à l'éducation du genre humain. C'est dire qu'il y a un rapport de similitude, sinon d'identité, entre théâtre et philosophie.

Dans un essai sur « la haine du théâtre », Philippe Lacoue-Labarthe annonce, à l'opposé, l'antagonisme fondamental qui apparaît dans les relations entre théâtre et philosophie : « Haine du théâtre : le protocole, pour parler comme Diderot, en est vieux de deux mille cinq cents ans. Il est même, faut-il dire, inaugural : c'est l'Occident tout entier, dans son projet explicitement *philosophique*, dans son projet de vérité, qui est fondé sur cette haine - et le rejet trouble, jamais net et toujours forcené, qu'elle entraîne » (*L'Art du théâtre*, printemps 1986, n 4, p. 12). C'est dire à quel point la relation entre théâtre et philosophie est conflictuelle.

Tel est bien, en effet, le paradoxe de la relation existant entre le théâtre et la philosophie : il s'agit à la fois d'une relation de similitude et d'opposition, d'identité et de différence. Autant il est possible de trouver des arguments en faveur des divergences, autant la thèse des convergences paraît tout de même s'imposer.

D'où les questions qui se posent à nous. Quelles sont les raisons de la tension qui existe entre le théâtre et la philosophie ? Où sont les points de rencontre entre théâtre et philosophie ? Dans quelle mesure le théâtre s'articule-t-il à la philosophie et, inversement, jusqu'à quel point la philosophie est-elle articulée au théâtre ? Il faut bien distinguer, en effet, dans les relations qu'entretiennent théâtre et philosophie, les cas où c'est la philosophie qui s'immisce dans le théâtre, des cas où c'est au contraire le théâtre qui est présent dans la philosophie. Il y a ainsi à la fois des philosophies du théâtre et des mises en scène de la philosophie.

Mais commençons par le commencement : à l'origine, c'est bien la haine du théâtre qui prévaut. A l'origine, il y a

Platon. Le Livre III de *La République* est là pour nous rappeler comment le philosophe, par l'intermédiaire de Socrate, chasse le poète tragique de la Cité, faisant de lui un bouc émissaire, selon la fameuse habitude athénienne du *pharmakos*. La haine philosophique du théâtre est là dès l'origine, et elle se perpétuera : ainsi avec les Pères de l'Eglise, ainsi avec le Rousseau de la *Lettre à d'Alembert*. La naissance même de la philosophie, en tout cas celle de Platon, serait l'effet d'un rejet du théâtre. Platon, selon la légende, se serait à faire de la philosophie à partir du moment où il a brûlé ses poèmes tragiques. Ce qui est certain, c'est que la philosophie, dans sa double visée éducative et politique, s'est constituée sur le terrain de la haine du théâtre. Ont suivi la mouvance chrétienne, les thèses rousseauistes sur la fondation de la politique moderne, les condamnations de la société du spectacle et de la société de consommation. Comme l'explique Philippe Lacoue-Labarthe : « Ce qui est visé dans une telle condamnation, c'est ce que les Grecs désignaient du nom de *mimesis* : imitation, reproduction, semblance ou change, simulation, copie, bref, tout ce qui est de l'ordre de la re-présentation, c'est-à-dire vient se substituer à la présence réelle, originale et originaire. » (*op. cit.*, p. 13). C'est clair : le théâtre est ce qui nous perd pour la vérité, donc, pour la philosophie. Et c'est sans doute là qu'il faut voir les racines de cette peur des philosophes face au théâtre : « Il y a de la sorte, il y aura toujours eu dans la philosophie une véritable hantise du théâtre. » (*Ibid.*).

C'est ce que nous nous proposons de mettre en relief, à travers l'examen de plusieurs points d'articulation entre le théâtre et la philosophie, répartis sur toute l'histoire de la philosophie, des origines à nos jours, en allant des Grecs à Sartre, et en passant par le XVIIème, le XVIIIème et le XIXème siècles. Il s'agira, tout d'abord, d'exposer les principaux aspects d'une philosophie du théâtre ou, si l'on préfère, d'une théorie de la dramaturgie. Nous verrons comment l'on peut distinguer deux grands courants dans la philosophie : celui, classique, qui s'exprime dans la haine du théâtre, et celui, moins classique, mais tout aussi prégnant, qui affirme son amour du théâtre. Dans cette perspective, il sera possible d'examiner, pour commencer, la critique philosophique et le rejet du théâtre. Platon est alors, sans aucun doute, le fondateur de cette attitude face au théâtre. Il sera ainsi intéressant de montrer comment il tente de substituer un théâtre de la vérité au théâtre du faux-semblant et de la simulation auquel il s'oppose violemment. Dans le même registre, nous serons amené à mettre en relief, plus tard dans l'histoire de la philosophie, à savoir au XVIIIème siècle, avec Rousseau, une reprise du thème platonicien de la haine du théâtre, à travers sa fameuse *Lettre à d'Alembert*. On y verra apparaître sa position sur les spectacles à travers le problème particulier de l'établissement d'un théâtre à Genève. Par opposition, nous verrons ensuite que la philosophie ne se cantonne pas au rejet pur et simple du théâtre et que plusieurs philosophies valorisent celui-ci, ou tout au moins tentent de l'analyser objectivement. Ainsi Diderot nous propose une analyse approfondie du « paradoxe du comédien » dans son ouvrage du même nom. Dans un registre plus large, Hegel se fait le théoricien du théâtre, compris comme poésie dramatique, c'est-à-dire comme l'un des moments de manifestation de l'art. C'est ce qui apparaît dans son *Esthétique*. Enfin Aristote prend le contrepied de Platon en ne se contentant pas d'analyser simplement le théâtre, mais en lui conférant une valeur positive, en voyant en lui, comme cela apparaît dans sa *Poétique*, le moyen d'un véritable enseignement philosophique.

Dans une seconde partie, nous passerons de la théorie de la dramaturgie à la dramaturgie de la pensée, c'est-à-dire de la philosophie du théâtre à la question de la théâtralité de la philosophie, question essentielle si l'on veut mener à bien une analyse plus complète des rapports entre thé»âtre et philosophie. Dans ce cadre de réflexion, nous envisagerons d'abord comment le théâtre est inscrit dans la philosophie ou, si l'on préfère, ce que peut être une philosophie théâtrale. C'est ce qui apparaîtra clairement chez les Stoïciens, où la métaphore théâtrale est partout présente. Nous verrons aussi, par ailleurs, comment la pensée nietzschéenne se structure autour du concept dramaturgique du tragique. Ce sera l'occasion de montrer le paradoxe de la pensée tragique de Nietzsche. Nous verrons ensuite, pour finir, comment, à son tour, la philosophie est présente dans le théâtre, c'est-à-dire comment on peut parler d'un théâtre philosophique. Ce qui pourra être illustré par deux analyses : celle d'un théâtre comme celui de Sartre, où la dramaturgie se met au service de la pensée; celle de quelques exemples de mises en scène modernes de la philosophie ou de philosophes, comme le *Solo* de Joshua Sobol, ou *L'Entretien de M. Descartes et de M. Pascal le Jeune*, de Jean-Claude Brisville, ou encore *Emmanuel Kant* de Thomas Bernard. Il sera alors temps de conclure sur les relations qu'entretiennent le théâtre et la philosophie, sur le lien entre philosophie du théâtre et théâtralité de la philosophie.

PREMIERE PARTIE

POUR UNE THEORIE DE LA DRAMATURGIE :
DE LA HAINE A L'AMOUR DU THEATRE

CHAPITRE I

CRITIQUE PHILOSOPHIQUE ET REJET DU THEATRE

PLATON : DE L'ILLUSION THEATRALE AU THEATRE DE LA VERITE

Platon est un ennemi du théâtre. C'est que le théâtre est le lieu du plus grand risque. Il est en effet synonyme de tromperie, de séduction, de masque. Il est le terrain de l'incertain, de l'illusion. Il est l'espace réservé de la *mimesis*. Ainsi, dans la *République*, Platon décrit les citoyens destinés à être guerriers de la manière suivante : « ... ils ne doivent rien faire d'autre, ni rien représenter par imitation ; en fait de représentation, ils n'ont qu'un seul droit, qui du reste leur est propre, celui d'imiter dès l'enfance les hommes courageux, prudents, pieux, généreux, et de qualités similaires ; mais ils ne doivent pas être habiles à accomplir des actes indignes, ou quoi que ce soit de honteux, non plus qu'à les imiter, afin qu'ils ne déduisent pas l'être après l'imitation. Car n'as-tu pas remarqué que les imitations, quand on s'y livre intensément depuis la jeunesse, passent dans les habitudes et la nature ? » Le danger de la *mimesis* comme pratique du théâtre, c'est donc qu'elle peut modifier l'essence, l'identité de l'individu. Aussi le théâtre n'est-il pas innocent mais coupable. Son irresponsabilité réside dans la façon qu'il a de jouer avec les choses sérieuses, c'est-à-dire de concurrencer la raison, qui a pour charge de dire le vrai sans tromper. Jouant sur l'ambiguïté et le mélange, sur l'illusion et le mouvant, le théâtre subvertit les relations intersubjectives au sein de l'Etat. Au lieu que les individus tissent un lien social par l'entremise des lois, du droit, de l'ordre en somme, ils s'associent dans le contraire d'une existence réglée, à savoir une existence fondée sur l'intuition et le sentiment.

Mais ce que critique Platon, ce n'est pas exactement le théâtre en tant que tel ; c'est plutôt la dégénérescence du théâtre. Il y a, selon lui, à son époque, une décadence de la culture, qui s'étend à l'art du théâtre. Il y a une tendance vers la négation de toute forme de règle, de loi de la création, et une propension concomitante pour favoriser des formes non traditionnelles. C'est ce qui fait dire à Platon, dans *Les Lois* (III, 700a et sv.) : « Jadis, la foule n'était pas maîtresse de la situation, mais obéissait librement aux lois ». Il s'agit bien sûr ici des lois artistiques, avec toute la stabilité et la permanence qu'elles présupposent. Et de fait, une prise de conscience se fait jour dans le milieu artistique de la fin du Vème siècle et de la première moitié du IVème siècle : celle de la possibilité qui est alors offerte aux artistes de modifier le sens de leur art par la liberté de l'expression qui prend son essor et l'expansion de la flatterie vis-à-vis du public. C'est ce contre quoi Damon d'Oa mettait déjà en garde en 443 dans son *Aréopagitique*, prônant le respect et la pérennité des formes classiques de l'art. Platon s'accorde totalement avec cette vision des choses. Pour lui, le monde ne peut que dégénérer, la cité ne peut que péricliter, si l'on laisse libre cours au règne de l'illusion propre à l'art, pensé dans son analogie avec l'irruption de la sophistique, contre laquelle, on le sait, Platon combat vigoureusement, dénonçant, comme il le fait notamment dans le *Gorgias*, le charlatanisme de ces pseudo-philosophes.

Il n'est que de se référer au jugement de Platon sur les arts du théâtre que sont la poésie, la musique et la danse, pour s'en persuader. Les artistes, selon lui, ne cherchent qu'à plaire au grand public, oubliant leur véritable fonction, et obéissant du même coup à une véritable « théâtrocratie ». Le point de jonction entre la poésie, la musique et la danse, c'est le rythme. Aussi ces arts entrent-ils dans un rapport étroit d'interdépendance. C'est ce qui apparaît dans les arts du théâtre antique. Ainsi, le rythme partout présent dans le dithyrambe confère une unité à la parole, au chant et au mouvement orchestral. Mais une altération de cette unité va peu à peu s'opérer. Avant Eschyle, le vers récité se sépare du chœur. Avec Euripide, la parole se détache de la mélodie. Plus tard, la musique instrumentale remplacera le chant. Elle-même sera remplacée par les bruits scéniques. La danse de ballet se substituera au chœur, ce qui marque un désintérêt certain des dramaturges pour les parties chorales. Bref, tout concourt à annoncer la perte du caractère « éthique » des chants qu'appréciait tout particulièrement Platon, comme il l'indique dans sa *République* (III, 399e et sv.). L'unité originaire est perdue au profit de la seule virtuosité. Seule compte l'envie de surprendre en créant du nouveau. Il n'y a plus que l'apparence extérieure qui compte, l'intériorité et la spiritualité sont laissées de côté.

On voit le sens que prend alors le théâtre : il est le lieu d'un glissement, d'un déplacement ; le sens de l'art théâtral se déplace du niveau rationnel au niveau des sens. Une déviation s'opère, qui mène de la contemplation spirituelle au simple plaisir sensible. Souvent Platon dénonce les responsables d'un tel glissement. Ainsi, dans *Les Lois* (III, 700c-e et II, 658e-659c) : « L'autorité qui (auparavant) réglait ces matières, pour en connaître et juger en connaissance de cause, puis châtier les contrevenants, ce n'étaient pas les sifflets ni les cris discordants de la foule, comme à présent, ni même les applaudissements flatteurs. Les esprits cultivés s'astreignaient à écouter en silence jusqu'au bout (de la représentation). C'est avec une pareille vigueur que (...) le peuple acceptait (...) de ne pas s'enhardir à juger dans le tumulte ; par la suite, avec le cours du temps, l'autorité en matière de délit contre les formes passa à des artistes qui avaient sans doute le tempérament créateur, mais ne savaient rien de la justice et des droits de la Muse ; dans la frénésie de plaisir qui les possédait plus que de raison ils mêlèrent (...) et (...) ramenèrent tout à tout, et, sans le vouloir, eurent l'intelligence de lancer cette calomnie (...) que le plaisir de l'amateur, que celui-ci fût noble ou manant, décidait avec le plus de justesse ». Ce que déplore donc Platon, on le voit, c'est qu'il n'y ait pas de critère rationnel à partir duquel on puisse juger une œuvre d'art théâtrale, en prenant en compte la tradition et un point de vue classique sur l'art, plutôt que l'impulsion du moment. Ainsi le critère du plaisir se substitue-t-il insidieusement à celui de la raison. Fondé sur l'imprécision, ce critère du plaisir implique le danger de juger faussement en matière d'art, là où la raison sert de garantie pour un jugement esthétique vrai. Il ne faut pas juger une œuvre d'art « d'après le plaisir et l'opinion vaine ; c'est le vrai, avant tout, qui fonde le jugement», dit Platon dans *Les Lois* (II, 667d-668a). Il faut juger selon la vérité «sans l'appoint du plaisir». Il faut chercher le correct, et non point l'agréable (II, 668a-b).

A la perte de l'unité des composantes de l'art du théâtre, à l'exubérance des dramaturges, mais aussi des chorégraphes ou des musiciens en matière de technique, s'ajoutent les déviations et les irrévérences voulues des poètes comme Euripide ou ses disciples. On comprend alors le refus, de la part de Platon, d'envisager toute espèce de nouveauté en matière de théâtre. Tel est le sens de l'interprétation négative, du point de vue axiologique, que fait Platon de l'art théâtral. La critique platonicienne du théâtre trouve donc ses soubassements dans une peur de l'illusion, de l'apparence, du déguisement, du travestissement, du fard, de la parure, bref de tout ce qui est susceptible d'occulter la vérité.

En fait, la critique platonicienne du théâtre trouve son fondement dans la position que prend Platon en matière de politique. C'est ainsi que la philosophie de l'art théâtral, et de la tragédie plus particulièrement, est articulée à sa philosophie politique. On les retrouve d'ailleurs toutes les deux intriquées dans son fameux dialogue qu'est la *République*. Mais c'est sans doute dans *Les Lois* que la concomitance entre dénonciation du théâtre et dénonciation d'une certaine conception de la politique apparaît le mieux. Ainsi l'Athénien fait l'hypothèse que les meilleurs des poètes, les poètes tragiques, posent la question de savoir s'ils doivent s'intégrer dans la Cité et y promouvoir leur poésie. Voilà ce que, selon lui, il faut leur répondre : « O les meilleurs des étrangers ! (...) nous-mêmes sommes poètes d'une tragédie, dans la mesure de nos moyens (*kata dunamin*), à la fois la plus belle et la plus excellente : car chez nous la *politeia* tout entière consiste en l'imitation (*mimesis*) de l'existence la plus belle et la plus excellente, et c'est justement là que nous disons, nous, être réellement (*ontôs einai*) la tragédie la plus vraie (*alèthestatèn*). Dès lors si vous êtes poètes, nous le sommes aussi, vos rivaux (*antitechnoi*) et vos compétiteurs dans les mêmes choses, poètes du drame le plus beau, celui que seule la vraie loi peut par nature conduire à la perfection, comme nous l'espérons. N'allez pas vous imaginer par conséquent que, sans du moins y faire difficulté, nous vous permettrons jamais;

comme cela, de venir chez nous dresser votre scène sur l'agora et présenter au public des acteurs à la belle voix, qui parleront plus fort que nous ; que nous vous donnerons le droit d'adresser publiquement des discours à nos enfants, à nos femmes, à la foule tout entière : en y parlant des mêmes affaires que nous-mêmes mais sans en dire les mêmes choses ; en disant le plus souvent au contraire à leur sujet des choses qui en sont, pour la plupart, tout l'opposé » (VII, 817b-c). Ce qu'affirme l'Athénien, on le voit, c'est donc l'inutilité des poètes tragiques dans une Cité qui est déjà la scène d'un drame, du plus beau des drames, puisque c'est un drame qui repose sur la meilleure des *mimesis* possible, non pas l'imitation du réel, mais bien l'imitation de l'idéal. Il n'est pas besoin de substituer à la vérité comme imitation de l'idéal, d'un modèle intelligible, l'illusion comme imitation de la réalité, de la copie dégradée et sensible de l'idéal. Mieux vaut le théâtre du monde, de la Cité, que le théâtre des dramaturges, de poètes tragiques devenus superfétatoires. A l'illusion véhiculée par le théâtre, il faut préférer le théâtre de la vérité.

Aussi Platon parle-t-il dans le *Philèbe* (50b) de « la tragédie et de la comédie tout entières de l'existence ». C'est pourquoi le vieil Athénien reconnaît implicitement la nécessité d'une présence du théâtre dans toute Cité, même s'il ne s'agit pas, bien sûr, de n'importe quel théâtre. Ainsi, la tragédie était nécessaire aux régimes démocratique et isonomique, les Dionysies leur permettant de préserver un lieu dans la Cité pour la distance et le recul critique. De même, la *politeia* la plus parfaite qui puisse exister, tout en étant totalement opposée au régime démocratique, ne peut survivre sans l'aide de la fête, et plus particulièrement de l'art choral représenté par trois institutions que sont le chœur des Muses, pour les enfants, le chœur d'Apollon, pour les adultes, et enfin le chœur de Dionysos, pour les vieux sages. C'est ce qu'explique Platon dans *Les Lois* (II, 665c) : « Obligation pour tout homme fait et pour tout enfant, de condition libre ou servile, d'un sexe ou de l'autre, pour la Cité tout entière enfin, de ne jamais cesser d'opérer sur la Cité tout entière une incantation (...) ».

C'est donc par le recours au théâtre que Platon explique l'excellence de la Cité qu'il préconise et qui, elle, exclut le théâtre : le paradoxe n'est qu'apparent, car il y a en fait théâtre et théâtre. C'est d'un tout autre théâtre que celui de la Cité démocratique et isonomique qu'il est question dans la présentation de la Cité platonicienne. Mais c'est tout de même d'un théâtre qu'il est question. Ainsi, dès le livre I des *Lois*, le vieil Athénien compare les mortels à des marionnettes construites par les dieux. Et ces marionnettes sont bien dirigées par des fils. Le premier fil est comme un fil intérieur : c'est le fil du plaisir et de la peine qui les oriente tantôt vers la crainte, tantôt vers l'espoir ; c'est un fil de la déraison, c'est le cordon qui attire vers le vice. Le second fil intérieur les dirige dans un sens diamétralement opposé : c'est le fil de la délibération raisonnée, qui oriente vers le meilleur et indique où est le pire ; c'est le cordon qui incite à la vertu. Les fils de la déraison sont des fils de fer, alors que les fils de la raison sont des fils d'or. Il n'y a donc qu'une bonne manière de diriger les marionnettes : « il n'y a qu'une seule de ces tractions à laquelle chacun doit toujours obéir et de laquelle il ne doit d'aucune manière se dégager tandis qu'il doit résister à la traction des autres cordons ». Mais seuls les sages qui sont en relation avec le divin possèdent « la vraie notion relative à ces tractions », ce qui est la condition de possibilité pour favoriser le succès des fils d'or (I, 644d-645c) en amenant les autres à suivre leurs conseils. La tragédie avait pour sens : plus l'homme dit être le confident des dieux, plus il en est le jouet. La Cité du vieil Athénien a pour sens : plus l'homme obéit aux confidents des dieux, moins il est le jouet de ces derniers.

La Cité la meilleure qui puisse exister est donc à la fois destruction et réalisation de la tragédie : destruction d'un faux théâtre, réalisation d'un vrai théâtre. C'est que ce dernier est rendu possible par l'imitation du « théâtre des Idées », instance première de vérité, fondement à partir duquel peut se constituer le monde selon le Beau el le Bon. Ce théâtre des Idées est en fait le théâtre que contemplent les Sages du Conseil nocturne, ces « hommes divins » (XII, 966) dont parle Platon. Le drame de la Cité la meilleure qui puisse exister est donc à l'image de l'Etre, car ses metteurs en scène, les Sages, contemplent l'Etre lui-même. Comme le dit Platon dans la *République*, ces Sages « aiment à regarder le théâtre de la vérité » (V, 475e). Il y a donc, on le voit, trois théâtres et non pas seulement deux. Il y a d'abord le théâtre des Idées ou théâtre de la vérité. Il y a ensuite le théâtre du monde, de la Cité, ou théâtre de la réalité. Il y a enfin le théâtre des dramaturges ou théâtre de l'illusion. Le second est imitation du premier, le troisième est imitation du second. Il y a donc une bonne et une mauvaise *mimesis* : la première est copie du modèle idéal, la seconde n'est que copie de la réalité sensible, copie dégradée, qui n'est en fait que copie de copie.

Il y a donc chez Platon l'idée d'une dramaturgie ontologique, où la *politeia* apparaît comme la mise en scène de la vérité. Ainsi ce que Platon reproche aux faiseurs de tragédie, c'est aussi ce qu'il reproche aux citoyens de la Cité démocratique et isonomique : le lien entre politique et théâtre se fait ici au niveau de la *poièsis*, de la mise en œuvre. De même que les citoyens du régime démocratique ne se préoccupent pas de la spécialisation requise dans les questions de *poièsis* (ainsi leurs dirigeants sont de mauvais artisans puisqu'ils sont incapables de les rendre meilleurs, et ne sont donc pas des spécialistes de la politique, à l'image de Périclès critiqué par Platon dans le *Gorgias*), de même les faiseurs de tragédie imitent les affaires humaines réelles au lieu d'imiter les modèles intelligibles, comme le feraient un bon artisan ou un homme de bien (ainsi le Socrate de l'*Apologie* dit apprendre quelque chose quand il s'adresse à des spécialistes, des gens de métier qui possèdent un vrai savoir, alors que les « faiseurs de tragédie » n'ont « aucune connaissance précise sur les choses qu'ils disent », leur public étant presque capable de mieux parler de leurs poèmes qu'eux-mêmes (22a-b)). Finalement, la critique platonicienne du théâtre est plutôt la critique d'un certain type de *mimesis*. Il faut imiter en ayant les yeux fixés sur l'idéal et non sur le réel : il vaut mieux mettre en scène la vérité que donner l'illusion de la réalité, peut-être parce qu'il vaut mieux contempler « le théâtre de la vérité » que le théâtre du monde...

LA CRITIQUE DU THEATRE DANS LA *LETTRE A D'ALEMBERT* DE ROUSSEAU

I. Nocivité des pièces de théâtre tenant à leur contenu
Immoralité des textes dramatiques

Pour Rousseau, le théâtre ne sert bien souvent que comme distraction : il vise l'agréable et non l'utile. Or « tout amusement inutile est un mal » (p. 158). En fait, la seule utilité qui ressort du théâtre, c'est de combler un manque du coeur, d'un coeur qui est dans l'inaction et l'oisiveté, et qui voit dans le théâtre une compensation de son mal-être : « Je n'aime point qu'on ait besoin d'attacher incessamment son coeur sur la scène, comme s'il était mal à son aise au-dedans de nous. » (p. 158). Le besoin de théâtre est donc le signe de quelque chose de négatif. L'utile étant absent du théâtre, « l'objet principal est de plaire » (p. 160), et ainsi le théâtre flatte les penchants sensibles du peuple au lieu de lui permettre de les modérer. Il laisse parler la sensibilité, et non la raison : « Il n'y a que la raison qui ne soit bonne à rien sur la scène »

(p. 161). Le théâtre ne change donc pas les sentiments et les mœurs, mais les favorise. Il accroît les inclinations naturelles. D'aucuns prétendront qu'il « rend la vertu aimable et le vice odieux » (p. 166). Mais c'est tout le contraire qui arrive, car le but n'est pas atteint, du fait d'une hypocrisie foncière : ce que le spectateur va voir au théâtre, c'est donc « ce qu'il voudrait trouver partout; des leçons de vertu pour le public dont il s'excepte, et des gens immolant tout à leur devoir, tandis qu'on n'exige rien de lui » (p. 168). Finalement, tout ce qui est proposé dans une représentation théâtrale, bien loin d'être rapproché de nous, en est éloigné. On nous montre « la vertu comme un jeu de théâtre, bon pour amuser le public, mais qu'il y aurait de la folie à vouloir transporter sérieusement dans la société » (p. 170). Le ridicule lui-même, qui pourrait stigmatiser le vice, est en fait son arme favorite, car il ne touche que les honnêtes gens. En remettant en cause le respect dû à la vertu, le ridicule tue l'amour qu'on doit lui porter. Ainsi « tout nous force d'abandonner cette vaine idée de perfection qu'on nous veut donner de la forme des spectacles, dirigés vers l'utilité publique » (p. 171).

Exemples tirés du théâtre français

Rousseau fait l'éloge du théâtre français, et notamment du *Misanthrope* de Molière, non sans formuler sa condamnation. Selon lui, on retrouve toujours la même structure dans les pièces du théâtre français. On nous y présente des monstruosités et des atrocités, qui peuvent, dans un premier temps, être la cause d'un intérêt et d'une stimulation de la vertu, mais qui en fait présentent un risque majeur : celui d'habituer le peuple à des horreurs dont il ne devrait même pas soupçonner l'existence. Molière lui-même est critiqué : « Voyez comment, pour multiplier ses plaisanteries, cet homme trouble tout l'ordre de la société : avec quel scandale il renverse tous les rapports les plus sacrés sur lesquels elle est fondée; comment il tourne en dérision les respectables droits des pères sur leurs enfants, des maris sur leurs femmes, des maîtres sur leurs serviteurs! » (p. 182). Ainsi Molière ridiculise-t-il la vertu dans le *Misanthrope*. En fait, Rousseau pense que Molière trahit la vérité du caractère, qu'il a mal compris le misanthrope. En voulant trop faire rire et plaire au public, il a perdu le véritable personnage. Finalement, on peut résumer les critiques de Rousseau vis-à-vis de Molière de la manière suivante : l'auteur cherche à plaire à des spectateurs corrompus, si bien que tout l'effet de sa morale est négatif; s'il propose un bien, c'est un faux bien encore plus nuisible que le mal, car il ne véhicule qu'une apparence de raison en prônant les maximes en usage dans le monde au lieu de faire préférer la probité; il ne conçoit la sagesse que comme un compromis entre le vice et la vertu, en nous persuadant que, « pour être honnête homme, il suffit de n'être pas un franc scélérat » (p. 195).

Les dangereuses leçons de l'amour

L'idée de Rousseau, c'est donc que le théâtre conduit à la décadence. Celle-ci est l'effet d'un accroissement des leçons de mauvaise conduite ainsi que du recours fait à l'amour. Deux causes peuvent ainsi être dégagées : la part prépondérante prise par les femmes dans le public et la société de Paris, ainsi que la prédominance des jeunes. Le théâtre s'attache ainsi « à flatter une jeunesse débauchée et des femmes sans mœurs » (p. 195). Et ces défauts sont pour Rousseau si prégnants dans le théâtre que les masquer serait masquer la véritable nature du théâtre. L'amour est ainsi favorisé pour plaire aux femmes et aux jeunes : « Dans cette décadence du théâtre, on se voit contraint d'y substituer aux véritables beautés éclipsées de petits agréments capables d'en imposer à la multitude. Ne sachant plus nourrir la force du comique et des caractères, on a renforcé l'intérêt de l'amour » (p. 197). Mais alors que l'auteur dit lutter contre l'amour en peignant ses faiblesses, le résultat est que le spectateur prend toujours le parti de l'amant faible, voire même regrette que ce dernier ne le soit pas encore plus. Ce qui, on en conviendra, n'est pas le meilleur de nous empêcher de lui ressembler. Ainsi tout concourt à faire prévaloir, que ce soit dans le théâtre tragique ou comique, les femmes sur les hommes et les jeunes gens sur les vieillards, ce qui, selon Rousseau, n'est qu'un renversement nocif des rapports naturels. D'où sa conclusion : « Ceux de nos compatriotes qui ne désapprouvent pas les spectacles en eux-mêmes, ont donc tort » (p. 210).

II. Nocivité des pièces de théâtre tenant aux nécessités matérielles de leur représentation

Effets pervers de l'existence d'un théâtre permanent

Le premier effet négatif de l'existence d'un théâtre permanent dans la vie d'un peuple est qu'il nuit nécessairement au travail. Ce qui rend bonne ou mauvaise une distraction indifférente par sa nature même, c'est en effet la nature de l'activité qu'elle rend impossible : ainsi l'occupation que crée la distraction se substitue à l'occupation que constituait le travail. L'effet de l'introduction d'un théâtre permanent dans une ville est par ailleurs différent suivant que cette dernière est grande ou petite : si elle est grande, la délinquance pourra être amoindrie, si elle est petite, comme Genève, une distraction de plus sera une nuisance au travail et à la créativité. Par exemple, une communauté quasi idéale comme celle des « Montagnons » de Neuchâtel serait totalement corrompue par la présence d'un tel théâtre.

Rousseau énonce ainsi toute une série de préjudices que causerait l'existence d'un théâtre permanent : « Relâchement du travail : premier préjudice » (p. 217). La distraction, en effet, nous l'avons vu, se substitue au travail. « Augmentation de dépense : deuxième préjudice » (p. 218). Aller au théâtre implique en effet une dépense de temps et d'argent. « Diminution de débit : troisième préjudice » (p. 218). Plus de dépense et moins de travail mène à une compensation, la baisse de la consommation. « Etablissement d'impôts : quatrième préjudice » (p. 218). Assurer la permanence d'un théâtre, c'est faire des dépenses publiques, et donc demander une contribution aux particuliers. « Introduction du luxe : cinquième préjudice » (p. 219). Une émulation apparaît dans la parure des femmes. On le voit, tout concourt au caractère préjudiciable d'un théâtre permanent pour la vie d'un peuple.

Impossibilité de changer les mœurs des comédiens par des lois

Rousseau pose le problème de la manière suivante : « Pour prévenir les inconvénients qui peuvent naître de l'exemple des comédiens, vous voudriez qu'on les forçât d'être honnêtes gens. Par ce moyen, dites-vous, on aurait à la fois des spectacles et des mœurs, et l'on réunirait les avantages des uns et des autres. Des spectacles et des mœurs! Voilà qui formerait vraiment un spectacle à voir, d'autant plus que ce serait la première fois. Mais quels sont les moyens que vous nous indiquez pour contenir les comédiens ? » (p. 221). Les comédiens, c'est connu, ont des mœurs dissolues, et, comme le préconisait déjà d'Alembert, on peut penser à « des lois sévères et bien exécutées » pour lutter contre leur dépravation. Mais précisément, l'argument de Rousseau consiste à dire que jamais des lois n'ont pu ni ne pourront modifier des mœurs. Ainsi, dans la France monarchique, le tribunal des maréchaux n'a pu entraver la coutume du duel, avec tous les vices qu'elle comportait. C'est qu'un gouvernement ne pas avoir aucune prise sur les mœurs. L'idéal serait de pouvoir diriger l'opinion publique : « L'on a beau faire; ni la raison, ni la vertu, ni les lois ne vaincront l'opinion publique, tant qu'on ne trouvera pas l'art de la changer » (p. 226). Ainsi s'instaure un antagonisme entre lois et mœurs, entre politique et théâtre, entre censeurs et comédiens : soit les comédiens ridiculisent les censeurs, soit les censeurs chassent les comédiens de la cité. C'est clair, tout changement dans la cité dénaturera l'opinion publique et l'établissement d'un théâtre risquerait de lui faire perdre les quelques traces de pureté qu'elle pourrait encore avoir.

Influence nuisible des comédiens sur les mœurs

Les comédiens sont tout d'abord condamnés pour « infamie » : « Je vois en général que l'état de comédien est un état de licence et de mauvaises mœurs » (p. 234). Toute la vie de ces hommes n'est que désordre. Toute la vie de ces femmes n'est que scandale. Les uns comme les autres sont tour à tour avares et prodigues, submergés par les dettes et versant l'argent à flots. Ils « sont aussi peu retenus sur leurs dissipations, que peu scrupuleux sur les moyens d'y pourvoir » (p. 234).

La deuxième condamnation des comédiens porte sur leur « talent ». Tout leur art ne consiste qu'en tromperie, mensonge, vol, séduction. Il s'agit pour le comédien de se contrefaire, de prendre une apparence différente de son essence, d'être passionné de sang-froid, d'être aussi naturel dans le mensonge que dans la sincérité. « Qu'est-ce que la profession du comédien ? Un métier par lequel il se donne en représentation pour de l'argent, se soumet à l'ignominie et aux affronts qu'on achète le droit de lui faire, et met publiquement sa personne en vente » (p. 239).

Enfin, « le désordre des actrices » entraîne celui des acteurs. La cause est à rechercher dans la moralité féminine. Ainsi dans les grandes villes une femme a honte d'être pudique : elle se flattera de faire rougir un homme. Et « le vice a beau se cacher dans l'obscurité, son empreinte est sur les fronts coupables : l'audace d'une femme est le signe assuré de sa honte : c'est pour avoir trop à rougir qu'elle ne rougit plus » (p. 253). Aussi une comédienne ne peut-elle être une honnête femme puisque se montrer en public pour de l'argent est incompatible avec la modestie et les bonnes mœurs. Le vice des actrices implique celui des acteurs et ne peut donc être supprimé, on le voit, qu'en supprimant du même coup le métier de comédien. L'établissement d'une troupe de comédiens et d'un théâtre permanent de peut donc avoir que des effets immoraux.

III. Du cas de Genève à la question du théâtre dans les républiques
Objections de fait à l'instauration d'un théâtre permanent à Genève

La question est ici d'importance, puisqu'en fait elle concerne la considération centrale de la *Lettre à d'Alembert*, celle qui lui a donné son sujet même. Les objections à l'établissement d'un théâtre permanent à Genève sont d'abord de fait. Ainsi Rousseau explique-t-il que les habitants de Genève sont occupés par le travail et les affaire, et qu'ils ne peuvent donc consacrer leur temps aux distractions du spectacle. De plus le nombre de Genevois est insuffisant pour constituer un public permanent. Sans compter qu'il s'agit d'habitants qui sont souvent en dehors de la ville. Bien plus, ils semblent être opposés, par principe, à un tel projet. Enfin la dépense qu'occasionnerait l'établissement d'un tel théâtre les rebuterait. D'où la réflexion de Rousseau : « Les bras, l'emploi du temps, la vigilance, l'austère parcimonie; voilà les trésors du Genevois, voilà avec quoi nous attendons un amusement de gens oisifs, qui, nous ôtant à la fois le temps et l'argent, doublera réellement notre perte » (p. 257). C'est ce qui fait dire à Rousseau, pour conclure, que tout s'oppose, du point de vue des spectateurs, à l'établissement d'un tel théâtre : « J'ai fait voir qu'il est absolument impossible qu'un théâtre de comédie se soutienne à Genève par le seul concours des spectateurs » (p. 262). Les réserves de fait sont donc dirimantes.

Les effets d'un théâtre sur les mœurs

Toute la thèse de Rousseau consiste à montrer que les cercles qui existent à Genève sont préférables aux spectacles. Les Genevois ont en effet l'habitude de se réunir dans des sortes de « sociétés » similaires aux clubs anglais, des « coteries » que le commerce du théâtre empêchera de préserver. En fait, Rousseau fait un véritable plaidoyer pour les usages en cours à Genève. Dans cette perspective, il critique les cercles mondains de Paris où la domination des femmes amène la dégénérescence des hommes : « C'est ainsi que l'esprit général de la galanterie étouffe à la fois le génie et l'amour » (p. 270). D'où la préférence de Rousseau pour les sociétés d'hommes libres où les « comités féminins » qui préservent l'esprit critique. Il résume l'opposition des cercles et des spectacles de la manière suivante : « Quand la chose est bonne en elle-même et n'est mauvaise que dans ses abus, quand les abus peuvent être prévenus sans beaucoup de peine ou tolérés sans grand préjudice, ils peuvent servir de prétexte et non de raison pour abolir un usage utile; mais ce qui est mauvais en soi sera toujours mauvais, quoi qu'on fasse pour en tirer un bon usage. Telle est la différence essentielle des cercles aux spectacles » (p. 275). Et Rousseau de conclure qu'il faut donc préserver les cercles pour éviter la décadence vers laquelle les jeunes tendent déjà. Les cercles sont donc un bienfait, malgré leurs défauts, qui ne résident en fait pas en eux-mêmes, mais dans les hommes qui les constituent : « Conservons donc les cercles » (p. 278).

Préserver l'équilibre social

Plusieurs causes peuvent être source de déséquilibre pour une république. Ainsi l'inégalité risque d'apparaître avec le prix des spectacles. Le contenu même des spectacles favorisera la tyrannie, le « vice adroit triomphant », les passions. C'est pourquoi Rousseau préconise de s'opposer à Racine, comme il préconisait de bannir Molière : l'amour de la patrie et de l'humanité, en effet, est incompatible avec la « tendresse », d'autant que les Genevois sont « trop capables de sentir des passions violentes ». La comédie les amènerait à des « vengeances particulières ». Il vaut mieux réserver le théâtre pour des villes déjà corrompues. Par ailleurs, l'on sait combien la présence des comédiens serait préjudiciable. Elle inciterait les jeunes à « la paresse et la dissipation ». Le risque représenté par leur présence a déjà été montré : « Il n'est pas bon qu'on nous montre toutes sortes d'imitations; mais seulement celles des choses honnêtes, et qui conviennent à des hommes libres » (p.290). La seule solution serait une réforme des comédiens... Autant dire qu'il est préférable que les Genevois se replient sur leurs parades de bateleurs. Il faut se méfier des nouveautés, dont l'instauration aurait des effets irréversibles. L'établissement d'un théâtre serait donc nocif non seulement pour les mœurs, mais pour l'équilibre social.

Des spectacles convenables pour une république

La question reste de savoir, finalement, quel est le type de spectacle acceptable dans une république. Rousseau nous le fait comprendre en prenant pour modèle la Genève du passé. Toute une série de « spectacles » avait lieu autrefois, qu'il faudrait favoriser dans le présent : les fêtes populaires, les revues, les réunions estivales et toute la joie qui les accompagne. A cela s'ajoutent les bals de l'hiver, à n'accepter que s'ils se déroulent selon le principe de l'honnêteté, c'est-à-dire permettent aux jeunes gens de se réunir, de s'assembler, voire de se marier. Les mariages sont tout particulièrement fêtés par la ville, car ils sont vertueux. C'est pourquoi Rousseau parle des bals en ces termes : « Pour moi, loin de blâmer de si simples amusements, je voudrais au contraire qu'ils fussent publiquement autorisés, et qu'on y prévînt tout désordre particulier en les convertissant en bals solennels et périodiques, ouverts indistinctement à toute la jeunesse à marier » (p. 302). Il faut donc chercher dans les fêtes « des fins utiles qui en feraient un objet important de police et de bonnes mœurs » (p. 304). Il faudrait en fait faire revivre des fêtes à la mode de Sparte : « Je donnais les fêtes de Lacédémone pour modèle de celles que je voudrais voir parmi nous » (p. 310). D'où l'exhortation de Rousseau à la jeunesse, qui résume bien à la fois sa critique du théâtre et sa préférence pour les « spectacles sains » : « Puisse-t-elle sentir toujours combien le solide bonheur est préférable aux vains plaisirs qui le détruisent! » (p. 312).

CHAPITRE II

ANALYSE PHILOSOPHIQUE ET ELOGE DU THEATRE

CHAPITRE II

ANALYSE PHILOSOPHIQUE ET EPOCHE DU THEATRE

LA VALEUR PHILOSOPHIQUE
DE LA TRAGEDIE SELON ARISTOTE

Une véritable poièsis

La conception aristotélicienne de la tragédie se situe à l'opposé de la critique platonicienne du théâtre. Ainsi Platon reprochait aux faiseurs de tragédie de ne proposer qu'une pseudo-*poièsis*, une contrefaçon de la véritable, qui elle est artisanale. C'est pourquoi la tragédie ne pouvait selon lui s'exprimer de manière belle. Au contraire pour Aristote, il s'agit, comme il l'expose dans sa *Poétique*, de comprendre « comment il faut que les intrigues soient composées si la *poièsis* doit procéder de manière belle » (1447a 8-10). C'est dire, du même coup, que la création d'une tragédie n'est pas qu'une contrefaçon, mais une véritable *poièsis*. Platon n'accordait l'excellence à la *poièsis* artisanale que parce qu'elle reposait sur un authentique savoir. C'est pourquoi elle se situait pour lui du même côté que la vie contemplative qui, elle aussi, bien sûr, est adossée au savoir. Aristote récuse l'idée de Platon en affirmant qu'il est possible de penser une excellence reposant non pas sur le savoir, mais sur l'action, la *praxis*. C'est ce qu'il explique au second chapitre de la *Poétique* (48a 1-5) en posant que l'acquisition du caractère par un homme ne dépend pas de sa formation technique, mais de sa simple action. La tragédie est donc une véritable *poièsis*.

De la poièsis *à la* mimesis

La tragédie n'est plus, du même coup, chez Aristote, comme chez Platon, une mauvaise *mimesis*, défaillante parce que n'obéissant pas au principe de la spécialisation dans la mise en œuvre, mais elle est une authentique *poièsis*, à savoir une forme de *mimesis* reposant sur la *praxis*. Aussi Aristote s'oppose-t-il à Platon, là encore. Ce dernier, en effet, reprochait au poète tragique, dans le livre III de la *République*, d'être à la source d'une falsification, dans la mesure où il imitait la parole des autres. Alors qu'Aristote refuse l'idée que la tragédie puisse être imitation d'individus. Pour lui, elle est bien plutôt imitation d'action. D'où la fameuse définition que donne Aristote de la tragédie au chapitre VI de sa *Poétique* : « C'est l'imitation d'une action qui est sérieuse, complète, d'envergure, en laquelle la parole a été rendue attrayante, usant de ses moyens séparément, et de personnages agissant plutôt que de narration, et accomplissant la purification de ces modes du pâtir que sont la peur et la pitié à travers une séquence qui les inclut » (49b 22-28). C'est ce qui amène Aristote à distinguer six composantes dans la *mimesis* de l'action. Il y a d'abord le spectacle, puis la composition musicale, la parole, ensuite le caractère des personnages, leur intelligence, et enfin l'intrigue ou l'histoire, qu'Aristote appelle le *muthos*. Selon lui, ce dernier est à proprement parler la « *mimesis* de l'action ». C'est ce qu'il convient à présent d'élucider si l'on veut comprendre en quoi la tragédie repose essentiellement sur l'action.

De la mimesis *au* muthos

C'est en effet le *muthos* qui fait apparaître le caractère actif de la tragédie, sa *praxis*. C'est ce qu'Aristote explique clairement : « C'est le *muthos* qui est l'imitation de l'action (car par *muthos* je veux dire la composition (*sunthèsis*) des actes), et les caractères (*èthè*) sont ce en vertu de quoi nous disons que les personnages agissant ont certaines qualités, tandis que l'intelligence (*dianoia*) est dans les paroles par lesquelles ils déclarent quelque chose ou manifestent ce qu'ils pensent » (50a 4-8). C'est pourquoi « la plus importante des six composantes est l'agencement (*sustasis*) des actes. Car la tragédie est imitation non pas d'êtres humains mais d'action, et d'existence, et d'*eudaimonia* et le but est une certaine action, non pas une qualité » (50a 15-20). On voit ici qu'Aristote se situe aux antipodes de la conception platonicienne. Pour ce dernier, en effet, les poètes tragiques procèdent par imitation des gens, et plus particulièrement imitation des « méchants », et non imitation des « hommes de bien » (*République*, III, 395d). Ainsi Homère, par exemple, quand il imite Agamemnon, se transpose en lui, et de même lorsqu'il imite Chrysès (*République*, III, 393c). Le faiseur de tragédie n'était donc pour lui qu'un homme qui se déguise, se travestit. Alors que pour Aristote, le poète dramatique ne peut être un travesti, pour la bonne et simple raison qu'il n'imite personne. La tragédie n'est pas imitation des copies de copies, mais révélation de la forme de l'action.

Du muthos *à l'*ethos

L'*ethos* est une des conditions de la *praxis*. Si la tragédie est imitation de l'action et non des individus, il semble qu'elle ne soit donc en rien une représentation des caractères, et plus particulièrement des vertus ou qualités des hommes bons, comme c'est le cas dans la *République*, tant il est vrai que les individus « ont certaines qualités en vertu de leurs caractères (*èthè*) » (50a 19). Ce qui compte dans l'*ethos*, ce n'est donc pas le caractère, mais, si l'on peut dire, le bon caractère, ou, si l'on préfère, l'habitude de bien agir. Et c'est pourquoi l'*ethos* conditionne la *praxis*. On reconnaît ainsi le bon *ethos* aux bonnes actions : des gestes pleins de libéralité, des comportements pleins de tempérance, des conduites pleines de courage, bref, des actes de qualité. C'est ce qu'explique Aristote dans son *Ethique à Nicomaque* : l'*ethos* y est présenté comme la faculté de choisir (*proairèsis*) la bonne action. Cette faculté n'est donc pas un donné naturel et passif, mais un construit acquis activement. C'est bien l'action qui, toujours, prime. A la limite, une tragédie sans caractères est même envisageable, alors qu' « une tragédie sans action est impossible » (50a 24-25). « Ainsi donc, l'intrigue est le principe (*archè*) et comme l'âme (*psuchè*) de la tragédie, et les caractères viennent en second lieu : (...) elle est imitation d'action et c'est d'abord par égard pour leur action qu'elle imite les individus agissant » (50a 38-39b 3-4).

*De l'*ethos *à la* mathèsis

Dans la mesure où l'*ethos* n'implique pas simplement l'action, mais la bonne action, il nous introduit du même coup dans le domaine des valeurs saisissables par la raison, et est donc porteur d'un enseignement, de leçons. C'est ce qui fait dire à Aristote, au chapitre IV de sa *Poétique*, qu' « à la différence des autres vivants, l'être humain est ce qu'il y a de plus mimétique (*mimètikôtaton*) et qu'il apprend ses premières leçons (*mathèsis*) par imitation » (48b 7-9). Ici à nouveau, Aristote s'oppose à Platon, pour lequel la tendance des humains à la *mimesis* est naturelle et agréable du fait même qu'elle fait l'économie de toute *mathèsis*, de tout enseignement, qui ne sont le lot que des philosophes, alors que selon Aristote, les deux caractéristiques de l'imitation, à savoir son aspect naturel (« imiter est naturel aux humains depuis l'enfance »), et son aspect agréable (« tous prennent plaisir aux choses imitées »), s'expliquent par un fondement totalement opposé : « la raison en est qu'apprendre est éminemment agréable non seulement aux philosophes mais aux autres également » (48b 13-15). Et c'est parce que la tragédie est *mimèsis* de *praxis* et non *mimèsis* d'individu qu'elle est aussi productrice de *mathèsis*. Or il ne peut y avoir de *mathèsis* sans la saisie d'une forme, d'un universel. Il faut donc, pour Aristote, affirmer ce qui est impensable pour Platon, à savoir l'idée d'un universel de la *praxis*.

De la mathèsis *au* logos

Là où, pour Platon, l'universel est lié à la *theoria*, il est, chez Aristote, tout aussi bien pensable dans sa relation avec le contraire de la théorie, c'est-à-dire la pratique. L'instance représentant ici la raison discursive, le discours rationnel porté par la *mathèsis* de la tragédie, c'est le *logos*. Ce dernier trouve son élément de manifestation dans l'intelligence discursive, la *dianoia* ou « capacité de dire ce qu'il en est et ce qui convient » (50b 4-5). Or celle-ci s'exprime le mieux dans l'art politique et la rhétorique, c'est-à-dire lorsqu'elle est rattachée à la particularité d'une situation concrète, d'une action. Autant dire que, du point de vue de Platon, il lui est du même coup impossible de prétendre à l'universel : c'est ce qu'il veut dire quand il affirme que la tragédie est « tout à fait éloignée de la vérité » (*République*, X, 605c 4) du fait de son « abondance et bariolage d'imitation » qui vise à transcrire « des affaires humaines indignes de prise au sérieux » parce que trop rapportées au conjecturel, au circonstanciel, bref, au particulier. C'est pourtant justement dans le particulier que se révèle, selon Aristote, l'universel : le *logos* de la tragédie « manifeste quelque chose d'universel » (50b 12). Au caractère bigarré d'une tragédie qui ne s'adresse chez Platon qu'à la partie non raisonnable de l'individu, Aristote substitue donc l'idée d'une tragédie qui s'adresse à notre pensée, à la partie raisonnable de notre être qui a pour tâche de dégager l'universalité sous la particularité de l'action.

Du logos *à l'universel*

Pour Platon, la tragédie ne peut être rapportée au savoir, donc au *logos*, et donc aussi, du même coup, à l'universalité. C'est que selon lui elle n'est que « jeu et non pas affaire sérieuse » (X, 602b), « absence de toute mesure » (X, 603a), « opinions contraires » (X, 603d), « dissension dans les actes » (X, 603d). A l'inverse, selon Aristote, elle est, on le sait, « imitation d'une action sérieuse ». C'est qu'elle est en fait le véhicule de l'universel. Pour l'expliquer, Aristote affirme que « l'œuvre du poète n'est pas de dire ce qui s'est passé mais ce qui peut se passer, ce qui est possible selon la vraisemblance ou la nécessité ». C'est toute la différence qui existe entre la tragédie et le récit historique : ainsi Hérodote dit « les choses qui se sont passées », là où Homère dit « ce qui peut se passer ». Aristote en conclut que « la poésie est une activité plus philosophique et plus sérieuse que l'histoire, car elle dit davantage les choses universelles tandis que l'histoire dit plutôt les choses particulières » (51a 36). Ce qui ne signifie pas que la poésie tragique ait partie liée avec les universaux de la métaphysique : elle ne traite pas des étants en tant qu'étants, mais des étants dans leur multiplicité, des étants comme événements, circonstances ; ce sont en fait des universaux qui prennent pied dans le particulier ; ce ne sont que des situations mais qui, du fait qu'elles sont envisagées comme possibilités, prennent toute l'apparence de la nécessité et de l'universalité. L'universel dans le particulier, tel est le paradoxe d'une *praxis* dont l'imitation provoque la peur et la pitié, mais nous incite du même coup à penser que derrière la particularité des apparences se trouve l'universalité d'un sens.

*De l'universel à l'*eu prattein

L'idée d'Aristote, c'est donc que la tragédie procure un enseignement à son spectateur. La tragédie enseigne à l'homme à bien agir, elle lui enseigne ce que l'*Ethique à Nicomaque* appelle l'*eu prattein*. On le sait, la tragédie est imitation d'action et repose du même coup sur la *praxis*. Aussi il est possible de dégager une portée éthique, et non plus simplement esthétique, comme c'était le cas chez Platon, de la tragédie. L'enseignement de la tragédie apparaît par le biais d'une transformation qui a lieu pendant que se déroule l'action. En effet, cette transformation est l'occasion d'une reconnaissance ou d'un renversement significatifs. Ainsi dans *Oedipe-Roi*, celui qui tente d'épargner à Oedipe sa peur vis-à-vis de sa mère cause un effet totalement opposé. C'est ce qui rend précisément possible une reconnaissance, ou si l'on préfère un passage de l'ignorance au savoir. C'est donc l'action (ou l'interlocution) qui véhicule un enseignement. La tragédie nous invite à prendre conscience des possibles de la *praxis*, et ainsi nous amène à comprendre ce que c'est que bien agir. La tragédie a donc une portée philosophique dans la mesure où elle a une visée éthique, à savoir la sagesse.

*De l'*eu prattein *au risque de l'*hamartia

Mais derrière l'exigence éthique, il y a les faits. Ce n'est pas parce que je vise à comprendre ce que c'est que bien agir, pour justement agir en conséquence, que j'y parviens forcément. Je peux voir le meilleur et faire le pire. Ce qui peut m'empêcher de toucher mon but, c'est l'*hamartia*, c'est-à-dire, au sens littéral, « le fait de rater la cible ». C'est précisément cela le tragique. D'où la définition de la tragédie par Aristote comme intrigue « unique, impliquant un changement non pas de la mauvaise à la bonne fortune mais de celle-ci à celle-là, et non pas pour cause de méchanceté mais à cause d'une méprise [c'est ici qu'apparaît l'*hamartia*] de grand poids et de grande conséquence par un homme tel qu'il a été décrit et qui est plutôt du bon côté que du mauvais » (53a 13-17). L'*hamartia* est cette « méprise » qui est toujours possible. Même si je possède un bon *èthos*, qui peut me permettre de prétendre à l'*eu prattein*, le passé reste incertain, et le futur imprévisible, si bien que je peux manquer ma cible et être infortuné en quelque sorte sans le mériter. C'est précisément pour cela que la pitié et la crainte sont possibles : la pitié parce que ce qui arrive n'est pas mérité, la crainte parce que ce qui arrive au héros peut bien m'arriver. L'enseignement de la tragédie passe par ce double savoir que véhiculent la pitié et la crainte. Les leçons de l'histoire portent sur la réalité, ce qui s'est passé, les leçons de la tragédie portent sur la possibilité, ce qui peut se passer.

Du risque de l'**hamartia** à l'*exigence de* **phronèsis**

La *Poétique* est en fait comme une propédeutique à l'*Ethique à Nicomaque* : la tragédie comme imitation de l'action mène logiquement au discours philosophique sur la volonté de parvenir à la sagesse. C'est le livre VI de l'*Ethique à Nicomaque* qui expose sans doute le mieux l'exigence de sagesse. Ce que dit Aristote, c'est qu'i s'agit d'éviter l'excès et de s'en tenir à la mesure. Car la mesure est la condition de possibilité de la vertu. C'est en effet bien de sagesse qu'il est question, mais de sagesse toute pratique. Ce n'est donc pas à proprement parler à la *sophia* qu'il faut faire référence, mais à la *phronèsis*. Ici encore, Aristote prend le contre-pied de Platon. Ainsi, même si le philosophe possède la *sophia*, il n'en découle pas qu'ils doivent pour autant diriger la Cité, contrairement à ce que pense Platon. Aristote affirme à cet égard : « On peut être doué de *sophia* et dénué de *phronèsis* ». Ainsi le savoir de Thalès ou d'Anaxagore sur le *kosmos*, n'implique aucunement leur capacité à régir les affaires humaines. C'est que leur savoir porte sur l'immuabilité des lois de la nature, alors que les affaires humaines ne sont pas du tout le lieu de cette immuabilité, mais bien plutôt le lieu du variable par excellence. Et la *phronèsis* porte sur cette vie temporelle et variable. La *phronèsis* n'est donc pas une science : elle ne s'enseigne pas par des règles ou des principes universels, mais on peut en avoir une idée par des cas et des faits particuliers, ceux-là mêmes que les poètes tragiques nous proposent dans leurs tragédies, encore mieux que les historiens, qui transcrivent le particulier sans dégager le sens universel du particulier. Telle est donc la valeur philosophique de la tragédie selon Aristote : elle nous enseigne la perspicacité en nous invitant à découvrir derrière l'imitation d'actions comment bien agir. La tragédie enseigne la sagacité pratique.

LE PARADOXE SUR LE COMEDIEN
DE DIDEROT

Dans une lettre à Grimm du 14 novembre 1769, Diderot parle du *Paradoxe sur le Comédien* en ces termes : "C'est un beau paradoxe. Je prétends que c'est la sensibilité qui fait les comédiens médiocres; l'extrême sensibilité les comédiens bornés; le sang-froid et la tête, les comédiens sublimes". Et de fait le *Paradoxe* est tout le contraire d'une opinion, c'est bien un paradoxe, au sens étymologique du terme, παρα-δοξος, "contraire à l'opinion commune". D'où sans doute le terme de "pamphlet" qu'utilise Diderot à propos de son ouvrage en écrivant de Hollande à Madame d'Epinay en 1773. C'est un vrai paradoxe, comme l'entend l'*Encyclopédie* : "... une proposition absurde en apparence, à cause qu'elle est contraire aux opinions reçues, et qui, néanmoins, est vraie au fond ..." Assurément Diderot est coutumier du fait. Ainsi a-t-on pu dire [1] de sa pensée qu'elle était "fulgurante, mais trop souvent paradoxale". Et c'est ce qui apparaît avec le plus de force dans le *Paradoxe sur le Comédien* où le paradoxe se formule de la

---

[1] Raymond Laubreaux, "Diderot et le théâtre", GF.

manière suivante : "les grands poètes, les grands acteurs, et peut-être en général tous les grands imitateurs de la nature, quels qu'ils soient, doués d'une belle imagination, d'un grand jugement, d'un tact fin, d'un goût très sûr, sont les êtres les moins sensibles". Voilà le paradoxe : le véritable comédien, et même le véritable artiste en général, c'est-à-dire l'homme du coeur et de la sensibilité par excellence (par opposition au philosophe par exemple, homme de l'esprit et de l'entendement) n'est pas un être sensible. Comment comprendre que le représentant de la sensibilité n'ait pas de sensibilité?

Il semble en fait que le paradoxe se comprenne par opposition à l'opinion habituelle qui nous fait commettre une erreur de jugement : erreur qui consiste à croire que "les signes extérieurs du sentiment" que le comédien parvient à transcrire proviennent d'un "sentiment actuel" alors qu'ils sont en réalité le fait du "sang-froid". Le comédien s'éloigne en fait de l'émotion et de l'émotivité propres à la sensibilité car il se sert, le plus consciemment du monde, de ses propres émotions pour construire l'émotion de son personnage. Jouvet ne disait pas autre chose en affirmant que "l'acteur ne serait que médiocre si sa sensibilité ne lui permettait que d'éprouver, de s'approprier les sentiments de son personnage", mais il confondait sensibilité et intelligence. De même les plus grands acteurs se montrent des adversaires farouches de la doctrine du *Paradoxe* : Sarah Bernhardt, Ludmilla Pitoëff, Pierre Brasseur... Et pourtant tous conviennent de la nécessité de ce que Barrault a appelé le "contrôle". Le comédien est en réalité un être paradoxal car il est double. Ainsi, comme le dit Got : "en même temps que l'acteur exécute et éprouve, une sorte d'être de raison doit rester vigilant, à côté, arbitre suprême". C'est ce que pense Dullin pour qui le comédien est bien sensible, mais n'est un bon comédien que parce qu'il sait diriger sa sensibilité. On pense à ce conseil de Brecht : "se méfier de ceux qui voudraient bannir, d'une manière ou d'une autre de la sphère du travail artistique, cette raison qu'ils décrivent comme (...) un adversaire acharné du sentiment qui, lui, constituerait le domaine exclusif de l'art".

Si l'on approfondit le *Paradoxe*, on s'aperçoit bientôt du détail de l'argumentation de Diderot. Sa thèse est claire : le bon comédien est insensible et possède un jugement sûr. C'est son insensibilité qui fait sa supériorité, car la froide observation est un plus sûr garant de la vérité que la sensibilité de l'homme qui retrouve son moi en tout. La tâche du comédien est, comme le montre

Belaval dans son analyse du *Paradoxe* [2], "d'interpréter, de deviner, de compléter son texte -de montrer qu'il est un créateur". A la passivité de la sensibilité doit donc se substituer l'activité de l'intelligence. D'où l'intervention du premier interlocuteur au début du texte, en parlant du comédien : "Moi, je lui veux beaucoup de jugement. Il me faut dans cet homme un spectateur froid et tranquille. J'en exige, par conséquent, de la pénétration et nulle sensibilité". Il est clair qu'il s'agit de remplacer la sensibilité par le jugement et la pénétration. En effet alors que celle-ci éclaircit la perspective sur les choses, celle-là y jette la confusion. L'art du comédien, qui est celui de l'imitation, se détache donc de toute ignorance ou passion mais vise la vérité du modèle. Certes l'insensibilité n'est pas la garante de la faculté d'imiter mais du moins permet-elle l'impartialité de l'observateur qui tend à imiter.

Un autre argument consiste à dire que si le comédien était sensible, il jouerait de manière inégale, il serait incapable de progresser. Ainsi la Dumesnil, qui "joue d'âme" est capable d'instants sublimes mais

---

[2] Rapporté par Y. Belaval, in *L'esthétique sans paradoxe de Diderot*, Biblio. des Idées, Gall., 1950.

son jeu est "journalier", non composé, tandis que le comédien qui joue "de réflexion" compose son jeu qui, de ce fait, est répétable : or, pas de répétition, pas de progrès. L'une est inspirée par moments, l'autre imite régulièrement et toujours mieux. A l'ordre imposé par l'observation s'oppose le désordre qui résulte de la sensibilité.

Pourtant Diderot ne nie pas la part du sentiment chez le comédien. Ainsi le premier jet, sorte d'esquisse, d'ébauche, est l'effet de l'enthousiasme. Mais il est indispensable. Le comédien doit précisément le juger froidement pour en discerner les manques. C'est dire que les traits caractéristiques du jeu proviennent de l'inspiration, sont émouvants. Ainsi Diderot peut-il dire que le comédien "lutte" et "halète" "dans le tourment" du sentiment. Comment alors peut-il affirmer sans contradiction qu'il est insensible ? C'est que le jugement qui porte sur l'enthousiasme inspiré procède d'une observation qui résulte d'une sensibilité très particulière. Ce n'est pas la sensibilité qui met l'homme hors de lui, c'est la sensibilité qui est tact, instinct, goût, finesse. Le premier type de sensibilité ne vaut rien. Ainsi les femmes, qui sont plus "sensibles", n'en sont pas moins plus faibles dans l'art d'imiter. Par exemple la Dumesnil croit sentir mais se donne en fait une sensibilité d'"entrailles" qui n'a rien à voir avec la mobilité naturelle de l'émotion sincère.

C'est ce qui apparaît clairement si nous procédons à la comparaison de la sensibilité feinte et de la sensibilité sincère. On peut en effet parler de sensibilité feinte dans la mesure où le comédien ne nous propose que l'apparence de la sensibilité en imitant la sensibilité réelle. Tout d'abord la sensibilité feinte s'oppose à la sensibilité réelle car le comédien se répétant, il fait intervenir dans son jeu la mémoire et l'habitude, c'est-à-dire le contraire du naturel, du spontané. Ainsi sa sensibilité ne ressemble à celle qui existe dans la vie ni avant, ni pendant, ni après l'expression. Avant l'expression parce qu'il prépare et prévoit alors que notre sensibilité est imprévisible. De plus il intègre son jeu dans son système de déclamation, alors que nous faisons fi de toute "décence". Pendant l'expression parce que, alors que l'émotion nous traverse totalement, le comédien n'affronte nullement l'effet de surprise qui met en branle la véritable émotion. Sans compter que l'émotion réelle ne saurait se transcrire en vers. Enfin après l'expression, dans la mesure où le comédien n'éprouve alors " ni trouble, ni douleur, ni mélancolie, ni affaissement d'âme", alors que pour nous il n'en va pas de même. Ensuite la feinte sensibilité du comédien a un but : celui de produire "le plus grand effet possible", ce qui est étranger à la sensibilité réelle. Enfin l'émotion vraie nous bouleverse ; instinctive, elle ne dirige pas nos "entrailles", elle est dirigée par elles : la tête se perd, au lieu que dans le cas de l'émotion feinte l'intelligence calcule ce qu'il "convient" de faire.

De plus, si la sensibilité du comédien était naturelle, elle ignorerait la décence et ne serait pas belle : une femme véritablement en proie au malheur est défigurée par les larmes. Au lieu que le véritable comédien, celui qui feint, tente, par la maîtrise de sa nature, de ce désordre de la sensibilité, de se conformer à un modèle idéal. Le bon comédien se détache de la sensibilité vraie, qu'il *décompose* alors qu'il doit se "composer".

Mais dans la mesure où il s'agit pour le comédien de contraindre la spontanéité de sa sensibilité, de passer des entrailles à la tête, ne risque-t-il pas, par l'effet du cerveau sur le diaphragme, de créer "une sorte de mobilité d'entrailles acquise ou factice" ? Ce serait en fait s'arrêter à une émotion vraisemblable que ressent le comédien sans pour autant sentir l'émotion réelle. De plus, c'est le cantonner dans la transcription de son caractère et le rendre incapable de jouer tous les rôles.

Ce qui prouve l'insensibilité du comédien, c'est encore ses *a parte*. Comment peut-il être sensible au malheur ou aux sentiments de ses personnages dans ces conditions ? En fait c'est là plutôt la preuve de son talent. Dans la vie réelle, ceux qui jouent la comédie ne sont-ils pas aussi les plus capables de duper, parce que les moins capables de ressentir ? Une émotion entrave l'observation, donc l'imitation, donc l'art. L'art est supérieur si et seulement si il domine le sentiment. Que Diderot soit rendu sensible par l'émotion, et le voilà décontenancé devant Marmontel. Comme dit Belaval : "L'émotion rend balbutiant : c'est Diderot ne retrouvant son éloquence qu'après s'être ressaisi en face du théologal ; Diderot, amoureux transi, le coeur battant, les idées brouillées, estropiant tout ce qu'il dit, ridicule de la tête au pied, tandis qu'un rival insensible, loue finement, amuse, plaît, est heureux". L'homme sensible est l'homme de la nature : il nous offre son cri du coeur. Dès lors qu'il maîtrise et modère ce cri, il se fait comédien.

Si donc le comédien sent, c'est donc en un sens très précis. "...Etre sensible est une chose, et sentir est une autre. L'une est une affaire de l'âme, l'autre une affaire de jugement". Le poète sent, mais le comédien ne sent que dans la mesure où il conçoit: son sentiment consiste en tact, goût, instinct, jugement et réflexion. Comme le montrent les remarques de Diderot sur *Garrick ou les acteurs anglais*, le comédien ne sent, ne peut "sentir fortement", que s'il est insensible à la sensiblerie du commun des mortels et substitue l'intelligence à la sensibilité. C'est ce qu'illustre la comparaison, qui parcourt le *Paradoxe* de part en part, entre le comédien et le courtisan, ou *homme d'action*. Sentir pour le comédien se résume donc à bien concevoir, bien "jouer" la sensibilité "d'après le modèle idéal le mieux conçu". Ainsi le décalage entre sensibilité feinte et sensibilité naturelle produit le ridicule chez la Clairon : la sensibilité sincère doit être évacuée de la scène. Le théâtre du monde est "un autre monde" que le monde: la sensibilité jouée exclut la sensibilité réelle.

La sensibilité sincère n'est pas la sensibilité : il lui manque la beauté que lui confère l'art du comédien. La sensibilité est celle qui sent sans être sensible : "sentir est affaire de jugement" non pas "affaire d'âme". Telle est la conclusion de l'"homme au paradoxe". Et c'est la forme du monologue intérieur qui permet à Diderot, comme dans le *Rêve de d'Alembert*, d'exprimer pour finir ces vérités les plus contraires à l'opinion reçue, celles qui font paradoxe, réflexions marginales, mais dont on devine la vérité profonde. Retrouvant les accents de l'*Hippias Mineur*, Diderot rejoint la thèse platonicienne de la supériorité du menteur sur le véridique.

Le paradoxe s'institue donc bien dans un rapport privilégié au théâtre, qui est structuré par l'ambiguïté du signe personnage / acteur. Il nous fait comprendre qu'au théâtre le beau n'est pas l'effet de la spontanéité du plaisir mais bien d'un "plaisir réfléchi de l'imitation". On pourrait même voir dans le paradoxe artistique du comédien une figure emblématique de la création esthétique: l'immédiateté apparente à laquelle nous convie une œuvre est en réalité l'effet d'un long travail.

LE THEATRE OU LA POESIE DRAMATIQUE DANS L'*ESTHETIQUE* DE HEGEL

Le drame constitue selon Hegel le point ultime de la poésie et donc, plus généralement, de l'art lui-même. Le théâtre est en effet le moment de la poésie dramatique qui parvient à réaliser la synthèse de la poésie épique et de la poésie lyrique, c'est-à-dire de l'objectivité et de la subjectivité. Il retient la double caractéristique de montrer une action dont l'effet provient « du caractère intime de celui qui l'accomplit », d'une part, et « de la nature substantielle des fins et des conflits qui l'accompagnent ou qu'elle provoque » (p. 224), d'autre part. Voyons donc, pour commencer, l'aspect strictement poétique de l'œuvre dramatique.

I. Le caractère poétique du drame
La poésie dramatique en son principe

La finalité essentielle du drame réside dans la reproduction d'actions humaines, accompagnées des paroles des acteurs. Mais le véritable principe du drame est en fait double. Le théâtre repose sur deux principes, l'un tenant à l'épopée, l'autre à la poésie lyrique. A la manière de l'épopée, le drame doit d'abord représenter une action. Mais il acquiert sa spécificité en substituant l'individu à la stricte extériorité de l'événement. Par ailleurs, le drame retient de la poésie lyrique cette caractéristique qui est de représenter une forme d'intériorité, non pas l'intériorité lyrique qui s'oppose à l'extériorité, mais une intériorité intriquée dans l'élément se sa réalisation externe. C'est ce qui fait que paradoxalement l'événement donne l'impression d'être l'effet non d'une cause extérieure, mais bien d'une cause intérieure. Le drame ne peut cependant se réduire à un contenu purement lyrique (états d'âme ou actions passées), mais il implique « la réalisation volontaire de l'intériorité, l'action » (p. 227). Autant dire qu'il nécessite aussi l'élément épique dans lequel il peut s'objectiver, s'extérioriser même s'il n'est pas repris dans le drame comme une pure et simple manifestation extérieure, mais comme la manifestation extérieure d'intentions personnelles, intérieures. Le drame apparaît donc comme une donnée plus abstraite que l'épopée. L'action reposant sur l'individualité du personnage, il lui manque « le terrain épique (...) dont les ramifications s'étendent à tous les aspects de la réalité objective » (p. 228). En même temps le poète dramatique ne doit pas simplement présenter les mouvements de l'âme, se tenir dans l'élément du lyrisme. Le principe de la poésie dramatique est donc qu'elle se rapproche de la poésie épique tout en étant plus abstraite et de la poésie lyrique tout en étant plus concrète : elle est dans l'entre-deux de l'épique et du lyrique.

La nature de l'œuvre d'art dramatique

On peut distinguer trois données quant à l'œuvre d'art dramatique : son unité, sa composition, son aspect strictement extérieur.

L'unité, tout d'abord, est essentielle. C'est elle qui confère une cohérence, une densité à l'œuvre théâtrale. L'unité signifie d'abord, très classiquement, l'unité de lieu. A l'inverse de l'épopée ou du poème épique, qui comportent maints changements, le drame est une action concentrée. C'est qu'il ne s'adresse pas tellement à l'imagination, mais à la perception réelle. Ensuite vient l'unité de temps, qui, dans l'absolu, est impossible. Enfin l'unité d'action. C'est « l'unité de réalisation concrète d'une fin déterminée » (p. 233). A noter que l'unité de la comédie est moins marquée que celle de la tragédie, du fait de la multiplication des intrigues qui la constitue.

Il y a, en second lieu, la composition et le développement du drame. Ainsi un drame n'a pas la même importance qu'une épopée.

La poésie dramatique tient, de ce point de vue, le milieu entre l'épopée (très étendue) et la poésie lyrique (très concentrée). Le développement du drame lui-même est particulier. Il consiste dans « la progression irrésistible vers la catastrophe finale » (p. 236). Il y a donc un mouvement dramatique, avec un commencement, un milieu, moment de la discorde, et une fin. Ces phases sont les actes, les pauses (trois ou cinq suivant le cas).

Restent les aspects extérieurs du drame : la diction, le monologue, le dialogue et la versification. C'est que l'essentiel dans le drame est moins l'action elle-même que « la révélation de l'esprit qui inspire l'action » (p. 237). La diction dramatique est elle aussi synthèse des éléments épiques et lyriques. Ainsi le drame ne doit pas s'en tenir à l'épanchement du coeur, mais en même temps tenir compte de l'action. Pour ce qui est du moyen d'expression, le drame se présente soit sous la forme du chant choral, soit sous celle du monologue, soit sous celle du dialogue. Le chœur est l'expression des idées et des sentiments dans leur généralité, « tantôt avec une substantialité épique, tantôt avec un élan lyrique » (p. 240). Le monologue convient mieux au repliement de l'âme sur elle-même. Quant au dialogue, il est le mode d'expression dramatique achevé. C'est en effet par le dialogue que les personnages font avancer l'action et font apparaître leurs projets. Enfin, on peut noter l'importance de la métrique. Le mètre dramatique est à l'intersection entre l'hexamètre, et son uniformité, d'une part, et les mesures syllabiques de la poésie lyrique, plus découpées.

Les rapports de l'œuvre théâtrale avec le public

La diction justement revêt une valeur essentielle dans l'œuvre d'art dramatique. Car c'est par elle que le public est plus ou moins directement ému, touché. Quelles sont donc les relations entre le drame et le public ? Tout d'abord, l'auteur d'un drame, s'il veut toucher tout le monde, doit être, paradoxalement, capable de médiocrité, et, en même temps, capable de prendre des distances vis-à-vis de l'art véritable. Aussi est-il nécessaire que les fins qui entrent en opposition dans le drame soient reliées à un « intérêt humain général » (p. 244) afin de rendre possible une conciliation. Ainsi, si les sujets dont traite le drame se rapportent à des passions individuelles et particulières, se rattachant à une période précise ou à une nation, son but sera manqué. Ce qui ne veut pas dire que la visée d'actions d'intérêt général fasse l'économie d'une « individualisation poétique » (p. 245). Pour ce faire, l'auteur doit recourir au principe de la vivacité des caractères. « Il ne s'agit pas d'évaluer un ensemble de traits de caractères particuliers, mais de mettre le spectateur en présence d'une individualité qui ramène tout à l'unité constituée par elle-même et qui s'explicite dans des discours et des actes qui jaillissent d'une seule et même source » (p. 246). En fait, l'essentiel, c'est toujours l'action. Car c'est d'elle que provient l'effet dramatique, et non pas du but et de la réalisation de ce but, qui peut être indépendante de l'individu. Aussi le poète dramatique doit-il s'effacer derrière son drame et non pas, comme le fait le poète épique, intervenir pour conter les événements. L'action doit apparaître dans son actualité réelle. Mais ce qui compte par-dessus tout, c'est que l'action elle-même soit la réalisation de la raison et de la vérité en soi. La pire des situations, c'est donc celle où l'auteur ne vise qu'à plaire au public en faisant sur lui une impression purement matérielle au lieu de faire apparaître l'essence de l'esprit : il est alors doublement traître, vis-à-vis de la vérité, et vis-à-vis de l'art.

II. L'œuvre d'art théâtrale et sa réalisation externe

Le paradoxe du théâtre, c'est qu'en tant que forme de poésie, il devrait faire l'économie de la matérialisation totale (c'est bien le cas de la poésie), mais que justement, il tente de mettre en scène une action dans toute son actualité et sa réalité. Il lui faut donc recourir à tous les autres arts afin de réaliser une création artistique. Dans ce registre, c'est la parole poétique qui tient la place primordiale. Et l'accessoire devient alors l'essentiel : « la déclamation devient chant, la mimique devient danse, et tout le côté scénique tend à acquérir, par sa beauté et son pittoresque, une perfection artistique » (p. 250).

Lecture et récitation d'œuvres dramatiques

La voix humaine, la parole, sont bien sûr essentielles dans l'œuvre dramatique. Mais elles ne doivent pas faire oublier le plus important, qui est que l'individu qui parle doit être inscrit dans une action concrète. Il faut toujours, pour l'auteur, prendre garde à ce que les discours de ses personnages ne tournent pas au bavardage et à la rhétorique d'une belle diction, manquant du même coup l'essentiel, à savoir la vérité dramatique. Le mot doit en fait être intimement relié à l'acte. « La conversation *actuelle* présente (...) l'expression directe de la volonté, des velléités et des décisions, les hommes se parlant et se répondant à coeur ouvert, les yeux dans les yeux, de bouche à bouche, d'oreille à oreille, sans le détour des réflexions plus ou moins longues ou compliquées » (p. 253). Voilà ce qui fait la vie du mot comme de l'acte. D'où les problèmes attenant à la récitation. Soit cette dernière est réalisée sur un ton identique, et alors l'énoncé des noms des personnages détruit le *pathos*; soit la récitation est pleine de l'intensité dramatique, et alors c'est le discours qui crée des contradictions dans le déroulement même de l'action. On le voit, la récitation est un pis-aller, en tant qu'intermédiaire entre la lecture et l'exécution.

L'acteur et son art

L'art de l'acteur est en son fond une question de discours. L'expression y surpasse tout autre type de moyens (gestes, action, déclamation, musique, danse, présentation scénique). En effet, dès qu'un autre moyen conquiert son autonomie, la poésie devient alors à son tour un moyen et perd du même coup sa nature propre.

On peut distinguer deux périodes dans l'art de l'acteur. Tout d'abord, l'art des acteurs grecs. Cet art de l'expression est relié à la sculpture. A un premier niveau, on trouve la déclamation comme mode de parler artistique. A un second niveau se situent les gestes et les mouvements du corps. Au contraire, l'art théâtral moderne fera l'économie de la danse, par exemple, mais aussi de la musique, afin de parvenir à une relation plus intime et plus immédiate entre le poète et l'acteur, qui ne disposera plus alors que de la déclamation, des jeux du visage et des gestes pour s'exprimer. A la limite, l'acteur est en osmose avec le poète. « L'acteur doit être l'instrument sur lequel joue l'auteur, une éponge qui absorbe toutes les couleurs et les restitue telles quelles » (p. 257). Le drame moderne est donc plein de la déclamation fortement nuancée, de la richesse des gestes, des jeux physionomiques. Il n'empêche que l'acteur doit aussi laisser transparaître sa propre personnalité, il doit faire en sorte de compléter son rôle, d'*interpréter* le poète, faire apparaître les secrets de ce dernier, « faire monter à la surface les perles qui se cachent dans la profondeur » (p. 258).

En quoi l'art dramatique se sépare cependant relativement de la poésie

Il est intéressant de noter que les arts tels que la musique, la danse, et enfin l'art de l'acteur lui-même, peuvent devenir à ce point autonomes qu'ils apparaissent comme des fins en soi, indépendantes de la poésie. Dans cette perspective, on peut distinguer deux systèmes dans l'art de l'acteur. Le premier consiste en ceci que l'acteur y est « l'organe vivant, spirituel et physique du poète » (p. 259). Le second est au contraire celui dans lequel ce qui vient du poète est accessoire tandis que ce qui vient de l'acteur est essentiel. Ainsi l'acteur peut devenir un véritable artiste, au même titre que le poète. Il acquiert cette « virtuosité géniale » dont parle Hegel (p. 260). On peut donner, dans cette perspective de l'art dramatique plus ou moins indépendant de la poésie, des exemples, comme celui de l'opéra, ou encore du ballet.

III. La poésie dramatique : ses genres et son histoire
La tragédie, la comédie, le drame et leur principe

Dans la tragédie, le caractéristique, c'est le substantiel : tout ce qu'il y a d'accessoire dans l'individualité est laissé pour compte. Ce qui permet de définir la tragédie en son fond, c'est donc le divin, qui constitue ici le substantiel. La forme sous laquelle apparaît le divin est ainsi la morale : « C'est la *morale* qui constitue la substance spirituelle du vouloir et de sa réalisation » (p. 263). En outre celle-ci ne peut se manifester qu'à travers des conflits. C'est que la substance morale est constituée de substances séparées, de parties en présence qui s'opposent, tant il est vrai que le passage de l'idéalité abstraite à la réalité concrète ne peut s'opérer que par des individus, sur le domaine des circonstances particulières. La tragédie ne peut donc s'accomplir que dans l'opposition, le conflit, la contradiction. C'est pourquoi la tragédie provoque des sentiments comme la crainte et la pitié, et, bien plus, la *conciliation*, condition de possibilité de la résolution des conflits.

A l'opposé de la tragédie, qui met en valeur le substantiel, la comédie met en relief la subjectivité. Ce qui ne veut pas dire que la comédie soit le lieu d'actions sans substance : ce serait confondre le comique avec le ridicule. Le contenu d'une action comique est donc soit dépourvu de substance et de contradictions (comme dans le cas de l'avarice), soit au contraire plein du substantiel et du contradictoire (comme dans le cas où la comédie relate les actions d'individus ayant de grandes ambitions). La comédie doit donc tout de même montrer le rationnel. Mais ce serait se leurrer que de croire qu'elle fait l'économie de la subjectivité. « La subjectivité comique se comporte en souveraine à l'égard des apparences du réel » (p. 270). [A noter qu'entre la tragédie et la comédie, on trouve un troisième genre de la poésie dramatique, qui est la tragi-comédie].

Enfin, on peut distinguer ce que Hegel appelle le « *drame moderne* » (p. 271). C'est le genre qui parvient le mieux à réaliser la médiation entre la tragédie et la comédie. Le drame moderne réalise en effet, à travers l'action, une harmonie par-delà les conflits et contradictions. Evidemment, le drame moderne a des limites, notamment du fait qu'il parvient à résoudre pacifiquement les conflits, et que donc ces conflits n'étaient pas à proprement parler gravement tragiques.

La poésie dramatique ancienne et la poésie dramatique moderne

C'est dans l'Orient que débute l'art dramatique. Mais ces débuts ne sont pas encore vraiment en adéquation avec le concept de l'art dramatique. La poésie orientale, que ce soit dans le genre épique ou dans le genre lyrique, a produit des œuvres grandioses. Mais la liberté individuelle que suppose la véritable tragédie est totalement absente dans la poésie orientale, tout comme dans la poésie musulmane, d'ailleurs, dans laquelle il n'y a pas de place pour l'action individuelle ou la subjectivité.

Le véritable commencement de l'art dramatique, c'est donc chez les Grecs qu'on peut le trouver. C'est là qu'apparaît « le principe de la libre individualité » (p. 274). Dans la tragédie, la comédie, et le drame antique, il est donc question de la généralité et de l'aspect essentiel du but individuel. L'action individuelle ne s'y réalise que dans sa subordination essentielle au contenu substantiel.

A l'opposé, la poésie romantique moderne vise la passion individuelle qui se satisfait en tant que but subjectif. Dans le drame romantique, c'est la richesse de l'intériorité qui se dévoile. Ce n'est plus ici la nécessité ou la moralité de l'action qui est en jeu, mais la personne qui agit, avec tout ce qui l'accompagne dans sa particularité. Ce qui compte alors, c'est le particulier, le subjectif, l'individuel. Telle est la « libération des particularités » (p. 276) propre à la poésie dramatique moderne.

La poésie dramatique, ses genres, et leur évolution concrète

On l'a vu, c'est chez les Grecs qu'apparaît le point le plus perfectionné de la tragédie comme de la comédie.

Tout d'abord, qu'en est-il de la tragédie ? On sait que sa caractéristique essentielle est de mettre en valeur l'aspect substantiel. Et c'est par l'état du monde, que Hegel appelle « héroïque », que l'action tragique est constituée. C'est-à-dire par l'élément moral. C'est bien lui, en effet, qui, en tant qu'idéal imperturbable, tout d'abord, fait exister le substantiel. A cela s'ajoute le *pathos* individuel, deuxième élément essentiel dans la formation de l'élément moral, mais cette fois-ci au niveau des conflits qu'il engendre. Ces deux éléments - la conscience du divin, et le *pathos* engendrant les contradictions - se présentent eux-mêmes sous deux formes : le chœur et les héros agissants.

Le chœur, d'abord, n'est pas simplement un juge extérieur qui n'apporte que des réflexions morales, mais il est « la substance réelle de la vie et de l'action héroïques et morales » (p. 279). Il représente le peuple. C'est pourquoi le chœur ne peut exister là où il n'est question que de passions particulières. Il y a ensuite les héros agissants, qui, eux, apportent l'élément conflictuel.

Ce qu'il y a d'essentiel dans la tragédie grecque, c'est l'indissociabilité de la subjectivité de la conscience et de l'objectivité du fait. Ainsi, l'émotion est créée non par le substantiel, mais par la subjectivité et sa souffrance. Pourtant cette subjectivité ne fait qu'un avec l'action, le *pathos*.

Enfin ce qui fait la différence entre la poésie dramatique ancienne et la moderne, c'est, comme nous le verrons ensuite plus en détail, que la résolution des contradictions est extérieure dans celle-là, alors qu'elle est intérieure dans celle-ci. Voilà en quoi réside sa modernité.

Dans un second moment, on peut aborder le comique : « Est comique (...) la subjectivité qui introduit elle-même des contradictions dans ses actions, pour ensuite les résoudre, tout en restant calme et sûre d'elle-même » (p. 288). Le vrai comique apparaît quand les personnages sont comiques pour eux-mêmes, et pas seulement pour le spectateur.

Avec l'art dramatique moderne apparaissent des différences. Comme on l'a dit, la tragédie antique met en relief les puissances morales alors que la comédie fait ressortir la subjectivité. Tandis que la tragédie moderne suit le principe de la subjectivité et de l'intériorité du caractère. Il y a dans la tragédie moderne un double mouvement de particularisation et d'intériorisation. Pour ce qui est des caractères, la tragédie moderne représente non plus un *pathos* moral, mais des besoins subjectifs ou la puissance des circonstances extérieures. Enfin l'issue tragique et la conciliation en laquelle tendent les caractères modernes n'est plus représentée par une justice éternelle, mais soit par une justice plus froide, prenant même sa source, paradoxalement, dans l'injustice ou le crime, soit par les circonstances elles-mêmes ou les accidents extérieurs.

Mais l'issue peut aussi être heureuse. Tel est le fondement du drame comme genre intermédiaire entre la tragédie et la comédie. Enfin la comédie moderne nous présente, à l'inverse de la comédie antique, des personnages qui ne sont plus objets de rire pour eux-mêmes, mais seulement pour le spectateur : le ridicule se substitue au comique à proprement parler.

Tel est le terme de l'analyse hégélienne de l'art dramatique et, plus généralement, poétique. Après l'art symbolique et l'art classique, l'art romantique représente ce point où l'art devient un art « de l'âme et de l'intériorité, de la subjectivité absolue et libre » (p. 305), c'est-à-dire le point ultime où la subjectivité se sépare de l'objectivité et prend conscience de la négativité de cette séparation dans le comique et l'humour qui l'accompagne. La comédie apparaît donc comme la fin de l'art en général, puisque celui-ci est, en son fond, la tendance à représenter la réalisation d'une unité entre l'esprit éternel et ses manifestations concrètes. L'Absolu se perd alors dans le subjectif et le contingent. Il ne prend plus qu'une forme négative. C'est en fait avec le théâtre comique la fin de l'art qui s'annonce selon Hegel. Une autre ère s'ouvre alors, celle de la subjectivité.

DEUXIEME PARTIE

DRAMATURGIE DE LA PENSEE : THEATRALITE DE LA PHILOSOPHIE

CHAPITRE I

PHILOSOPHIE THEATRALE : LE THEATRE DANS LA PHILOSOPHIE

CHAPITRE I

PHILOSOPHIE THEATRALE, LE THEATRE DANS LA PHILOSOPHIE

L'IDEE D'UNE DRAMATURGIE COSMIQUE CHEZ LES STOICIENS

La métaphore théâtrale peut être facilement filée dans la philosophie stoïcienne. Elle est la réalité essentielle à partir de laquelle rayonnent toutes les modalités de cette réalité. On la trouve à tous les niveaux de la pensée des Stoïciens : qu'il s'agisse de la conception du monde, du sage, de l'homme, ou de leur comportement, et bien plus de la vie elle-même, tout concourt à nous faire entrevoir l'idée d'une dramaturgie cosmique.

Le monde : un théâtre et des scènes

L'idée de départ est que le monde est un théâtre sur lequel peuvent se jouer différentes scènes, différents types de scènes. La scène tragique est celle qui nous est donnée. Et toute l'entreprise stoïcienne consiste à constituer sous la scène tragique une scène complémentaire fondée sur une *action*, qui élimine tout *pathos*, une action telle qu'on peut s'en désolidariser ou non. Dans cette perspective, il faut utiliser nos prénotions. Il s'agit de penser une action dramatique mais sans *pathos*. La scène est alors un tissu d'actions, dans la mesure même où elle nous permet de nous y insérer (par assentiment), qui se constitue comme éthique car dans ce réseau sans faille d'actions, nous pouvons toujours construire notre présent. Il faut donc constituer la scène physique sous la scène tragique, sous la scène affective. Il y a substitution de la scène d'action à la scène de passion.

Un autre type de scène est la scène juridique. Nous savons que toute scène juridique est humainement constituée et fournit un cadre fini au jugement. Les Anciens avaient eux-mêmes constitué la scène éthique en scène juridique. Il faut faire en sorte que la scène du destin soit opposée à la scène tragique et nous permette de la traverser. On traitera donc du destin selon la formule de Plutarque dans son *Traité du destin* "non à la manière tragique, mais à la manière de la théologie" (on trouve d'ailleurs la réplique de cette formule chez Cicéron dans son *De fato* : "non pas en suivant la superstition d'une quelconque manière mais à la manière des philosophes"). La scène du destin n'est possible que par la scène éthique qui elle-même dépend de la scène juridique. Elle est la scène réelle des actions que nous voyons se dessiner derrière la scène tragique.

Il y a donc des scènes locales sur la grande scène cosmologique. C'est clair, il y a différents types de scènes dans le théâtre du monde : scènes cosmologique, tragique, affective, vécue, et scènes physique, éthique, juridique.

Le sage : acteur et spectateur

Il y a assurément une métaphore de l'acteur dans la philosophie stoïcienne. Les Stoïciens nous amènent en effet à utiliser comme modèle celui que Platon lui-même avait répudié, en en interdisant la profession à ses citoyens : l'acteur. L'acteur constitue, au niveau symbolique, la figure du sage. D'abord dans la mesure où il adhère à son texte et s'applique à le réciter. Ensuite parce qu'en même temps, il s'oppose, du fait qu'il n'est qu'un acteur, à toute attitude qui consisterait à "prendre au tragique" les événements qu'il est chargé de jouer. L'acteur, comme le sage, considère ces événements comme lui étant "indifférents".

Mais la métaphore de l'acteur implique aussi, sous un autre aspect, une activité, garantissant en elle-même sa propre finalité, s'exprimant de manière totale et achevée. Le jeu de l'acteur est en effet parfait, à tout instant, du fait même que le présent lui suffit.

C'est dire que l'acteur n'entre pas en adéquation avec son personnage qui lui étend son champ d'action bien au-delà du présent, du fait qu'il a des regrets et des souvenirs, des espoirs et des craintes[1]. Le véritable acteur ne "se" joue pas et prend des distances vis-à-vis de son personnage[2]. Il ne cherche qu'à jouer bien à tout moment. Comme chez Platon, tout "sentiment tragique de la vie" est répudié, qui consisterait à adhérer tellement à son rôle que l'acteur et le personnage ne pourraient plus être distingués[3], que le présent serait dépassé par le passé et le futur.

Le sage a donc pour tâche d'imiter l'acteur. Mais cela ne veut pas dire pour autant que la vie perde sa réalité et son sérieux. Elle

---

[1] C'est ce que note Meinong dans *Uber Annahmen* (Leipzig, 1910) : il existe une différence entre l'acteur et le spectateur car l'acteur n'éprouve que des émotions et désirs d'imagination. Pour cette référence, comme pour l'analyse, cf. V. Goldschmidt, *Le Système stoïcien et l'idée de temps* (Paris : Vrin, 1953).

[2] Cf. G. Gusdorf, *La Découverte de soi* (Paris, 1948) : "Le comédien joue son rôle, mais, en même temps, il se joue lui-même [...]. Il parvient à réaliser en lui, à incarner un personnage par une application de tout son être, par une mobilisation intime qui applique à telle ou telle situation particulière l'essentiel de sa propre vie."

[3] Cf. Epictète, *Entretiens*, I, XXIV, 16-18 : "Souviens-toi que tu rencontres un héros de tragédie, non pas un acteur, mais Oedipe lui-même."

n'est en aucun cas ravalée au rang d'une comédie qui aurait pour conclusion un "la farce est jouée". L'idée de "jouer la comédie" est très éloignée des Stoïciens. Il ne s'agit en aucun cas de porter un "masque", de faire "illusion"[4]. L'acteur aura de la valeur s'il accepte sans détour et à tout moment le Destin[5] ; "interrompre le jeu", c'est "rompre l'enchaînement des causes, autant qu'il dépend de toi[6]".

Pour l'acteur, jouer, c'est être actif, preuve de la volonté morale du sage, comparable alors à un athlète[7]. Mais en même temps, l'attitude d'indifférence à l'égard du texte, du contenu, fait que le sage n'est plus simplement acteur mais aussi simple "spectateur"[8] face au monde et aux événements, se bornant à contempler, alors que la foule agit et s'agite inutilement.

Reste que seul le sage est capable de tenir tous les rôles. Certains même, comme la royauté, ou le rôle de chef[9], ne conviennent

---

[4] Au sens où Nietzsche analyse les dernières paroles d'Auguste dans *Le Gai Savoir*, § 36.
[5] Cf. Marc-Aurèle, *Pensées*, VI, 42.
[6] Cf. Epictète, *Entretiens*, I, XII, 7-13 et I, XII, 25.
[7] *Ibid.*, I, XXIX, 34-43 : l'athlète et l'acteur y sont mis en parallèle.
[8] *Ibid.*, II, XIV, 23-27: la vie comme spectacle ne signifie plus ici une justification de la "vie théorétique".

qu'à lui, car lui seul sait les jouer convenablement. Pourtant, le sage pourrait être conduit à refuser un rôle et, si aucune autre issue n'est possible, à en venir au suicide[10]. Il est clair que la métaphore de l'acteur ne peut donc être véritablement filée jusqu'au bout[11]. Si la personne du sage surpasse les rôles, pour en fixer la valeur, c'est qu'elle est elle-même au-dessus de toute valeur. L'exemple même du suicide montre bien que l'idéal stoïcien du sage n'est pas subordonné à l'imagination et que la métaphore de l'acteur n'est qu'une métaphore, c'est-à-dire qu'elle ne peut se substituer à la réalité.

L'homme et la conduite de vie : personne, personnage et rôle

La dramaturgie cosmique ne fonctionne pas à la manière d'un montreur de marionnettes, faisant de l'homme un personnage. Ainsi chez Marc-Aurèle[12] l'image

---

[9] *Ibid.*, I,XXIX, 44.
[10] *Ibid.*, I, II, 23-37 et § 16 : "Mais si je ne joue pas à la tragédie, on me coupera le cou. -Va donc et joue. Moi, je ne jouerai pas."
[11] On reste alors fidèle au dogme de l'Ecole du Portique, à la volonté du Destin : le suicide est un acte d'obéissance et non une volonté de l' "acteur".

de la marionnette figure l'homme qui cède aux choses extérieures. Mais la personnalité de l'acteur ne se résume absolument pas à une série de personnages. "Si on enlève à l'acteur à la fois ses brodequins et son masque, et si on le produit à la manière du nombre, l'acteur a-t-il disparu ou subsiste-t-il ? S'il a sa voix, il subsiste[13]". "Sa voix", c'est ce qu'Epictète entend au sens de "personne morale", c'est-à-dire la capacité à incarner tous les rôles. Le jeu de l'acteur correspond ici à l'action du sage qui transcrit sa "personne" dans chaque geste, chaque réplique, et surpasse sans cesse son personnage par cette personne même.

Si l'homme est une personne plus qu'un personnage, c'est qu'il a des devoirs. Et ces devoirs, provenant de telle ou telle situation, s'imposent à lui comme un rôle à un acteur. Ce dernier n'a pas la responsabilité du personnage qu'il lui est donné de jouer, ni du temps qui lui est imparti pour jouer, mais il y a une chose qui dépend de lui en revanche, c'est de le jouer de son mieux, aussi longtemps que le "magistrat" qui l'a choisi le maintient en scène[14]. Mais alors que chez Platon l'acteur intériorise en son âme les

---

[12] Marc-Aurèle, *Pensées*, XII, 19.
[13] Epictète, *Entretiens*, I, XXIX, 43.
[14] Cf. Marc-Aurèle, *Pensées*, XII, 36.

défauts des personnages qu'il joue, chez Epictète, l'acteur maintient son rôle à distance, nécessairement. Ainsi répond-il au disciple qui "vient lui dire : 'change-moi le thème' ", "le temps viendra bientôt où les acteurs croiront que leurs masques, leurs brodequins et leur costume, c'est eux-mêmes[15]". La métaphore de l'acteur laisse comprendre que "les matières sont indifférentes, mais que l'usage qu'on en fait, ne l'est pas[16]". Il est clair qu'il faut du temps pour réciter entièrement un rôle. Pourtant personne ne peut savoir s'il faudra le réciter complètement (cela fait partie des choses qui ne dépendent pas de nous). De plus, achever le rôle n'est pas nécessaire pour que le jeu soit parfait : "dans la vie, trois actes font une pièce achevée[17]". C'est donc une faute grave que de vouloir réciter son rôle entièrement, c'est-à-dire de coïncider trop bien avec son rôle.

Ainsi toute notre conduite de vie n'est qu'un rôle à jouer. Comme le dit Montaigne dans ses *Essais* (III, X) : "Nous ne conduisons jamais bien la chose de laquelle nous sommes possédez et conduicts... Il faut jouer duement nostre rolle, mais comme rolle d'un

---

[15] Epictète, *Entretiens*, I, XXIX, 41.
[16] *Ibid.*, II, V, 1.
[17] Marc-Aurèle, *Pensées*, XII, 36, 3.

personnage emprunté. Du masque et de l'apparence il n'en faut pas faire une essence réelle ny de l'estranger le propre. Nous ne sçavons pas distinguer la peau de la chemise." Il faut donc s'accommoder de n'importe quel rôle. En effet le moindre rôle nous permet encore de prouver "qu'il m'a été donné de déployer une belle voix[18]". Ainsi malgré leur "indifférence", les "rôles-matières" ne sont pas sans "différence" dans l'usage qu'on en fait. Bien plus, certains conviennent plus au sage que d'autres. Tout aussi bien, certains ne lui conviennent pas du tout : il y a des rôles qui ne peuvent lui échoir[19]. D'autres encore sont trop indignes eu égard à la "dignité morale[20]" de l'acteur. Seule la conscience de notre "valeur", c'est-à-dire de notre "dignité", peut nous faire accepter le rôle. Reste que, comme le dit Pascal dans son *Entretien avec M. de Saci sur Epictète et Montaigne*, "c'est votre fait de bien jouer le personnage qui vous est donné; mais de le choisir, c'est le fait d'un autre".

---

[18] Epictète, *Entretiens*, I, XXIX, 45.
[19] *Ibid.*, I, XXIV, 15 : "Souviens-toi que c'est chez les riches, chez les rois, chez les tyrans, que se passent les tragédies : aucun ne pauvre ne joue de rôle dans la tragédie, si ce n'est comme choreute."
[20] *Ibid.*, I, II, 14.

La vie comme tragédie

La compréhension de la vie comme tragédie peut servir d'éducation par le biais d'une interprétation des tragiques. C'est que la tragédie nous présente "les événements de la vie" et nous montre "qu'ils doivent arriver naturellement et qu'il faut, puisque leur représentation nous charme à la scène, ne pas se plaindre quand ils se réalisent sur une scène plus vaste[21]". Mais alors que Platon rejetait la représentation tragique du malheur comme pouvant donner aux spectateurs des arguments contre la justice divine, le stoïcisme y voit l'action du Destin. Il y a donc chez les Stoïciens une attitude de conciliation vis-à-vis de la tragédie, du fait même qu'ils acceptent la vie et la cité telles qu'elles sont. Non plus le rêve platonicien d'une cité idéale sans poètes, mais une manière de consentir à la représentation par les poètes des personnages que le philosophe rencontre partout. Seule l'absence d'un éducation philosophique peut faire prendre les événements les plus communs de la vie au tragique[22].

Ainsi la tragédie est une imitation de la vie ordinaire et de la conduite de la foule.

---

[21] Cf. Marc-Aurèle, *Pensées*, XI, 6.
[22] Cf. Epictète, *Entretiens*, II, XVI, 31.

Mais le problème est de savoir si l'honnête homme doit imiter la tragédie dans sa vie. Les réponses de Platon et des Stoïciens divergent. Pour Platon, l'homme de bien sera nécessairement conduit à imiter la tragédie dans la vie. D'où l'idée d'une "transposition" littéraire de la tragédie (hymnes et éloges)[23] ainsi que politique et morale (organisation de la Cité des *Lois*)[24]. Dans les deux cas, la transposition porte sur la tragédie en acte, c'est-à-dire le *drame*; le *texte* lui-même est le modèle que les spectateurs et les acteurs auront à imiter. La transposition est donc substitution de textes (poétiques ou politiques). Les lecteurs et les récitants auront ainsi forcément une conduite conforme au texte. Ou les acteurs risquent de pâtir des effets de la tragédie des poètes. Ainsi les gardiens de la Cité n'ont-ils pas le droit de procéder à une représentation des poèmes des tragiques et les citoyens des *Lois* ne peuvent en aucun cas monter sur scène (ils peuvent assister au spectacle des comédies cependant) : les acteurs seront donc des esclaves ou des étrangers salariés[25]. Chez les Stoïciens, toute idée de "transposition" est

---

[23] Platon, *Lois*, VII, 801-802 a.
[24] *Ibid.*, VII, 817 b.
[25] *Ibid.*, VII, 816 e.

évincée. Pas d'utopisme, mais une acceptation de la vie. Bien plus, la transposition serait pour les Stoïciens la faute suprême, la faute contre le Destin. "Est-il donc en ton pouvoir de choisir le thème ? Tel corps t'a été donné, tels parents, tels frères, telle patrie, tel rang dans cette patrie. Et voilà que tu viens me dire : 'Change-moi le thème'[26] ". Répudier le thème que nous donne la vie ou résister à l'argument des poèmes dramatiques, c'est du pareil au même : c'est refuser le grand enseignement des tragédies, à savoir nous "rappeler les événements de la vie, et qu'ils doivent arriver ainsi naturellement[27]". Faut-il alors imiter les personnages tragiques, ces "hommes fascinés par les objets extérieurs[28]". Non. Il faut imiter l'acteur, c'est-à-dire sans détachement confiant : rien ne sert de "souffrir" pour prouver la "stoïque fierté" dont parle Vigny dans *La Mort du loup*. Il faut accepter la vie "de bonne grâce", sans humeur sombre[29], sans "esprit d'opposition", sans "pose tragique [30]. Le stoïcisme, dans la vie comme dans la tragédie, est, un peu à la manière de Nietzsche, un *amor fati*.

---

[26] Cf. Epictète, *Entretiens*, I, XXIX, 39.
[27] Cf. Epictète, *Manuel*, XXXIII, 9.
[28] Cf. Epictète, *Entretiens*, I, IV, 26.
[29] *Ibid.*, IV, VII, 6.
[30] Cf. Marc-Aurèle, *Pensées*, XI, 3; IX, 29, 7-8.

Ainsi apparaît clairement l'existence d'une dramaturgie cosmique des Stoïciens. A travers les scènes du théâtre du monde, la figure du sage-acteur, le rôle que joue l'homme pour conduire sa vie au mieux, l'expression de la vie par le genre tragique, c'est toute une théâtralité du discours philosophique qui transparaît dans le stoïcisme. A noter que si la philosophie stoïcienne exploite la métaphore théâtrale, le théâtre pourrait aisément découvrir dans la philosophie stoïcienne de l'acteur de quoi approfondir les discussions sur le *Paradoxe sur le comédien.*

LE PARADOXE
DE LA PENSEE TRAGIQUE
DE NIETZSCHE

Si l'on entend par paradoxe une thèse qui s'oppose à l'opinion (la *doxa*), et si la conception nietzschéenne du tragique va à l'encontre de la signification courante des concepts de tragédie et de tragique, alors on peut dire qu'il y a un paradoxe dans la pensée tragique de Nietzsche. Or il semble bien, justement, que la culture, la pensée, la philosophie tragique de Nietzsche s'opposent à tout ce que l'on a pu entendre par tragique avant lui.

L'essence du tragique : la joie

Qu'est-ce donc que le tragique selon Nietzsche ? En fait Nietzsche veut substituer sa vision tragique du monde à deux conceptions classiques du tragique : la vision dialectique et la vision chrétienne. La tragédie meurt donc de trois manières : par la dialectique de Socrate, par le christianisme et par la dialectique moderne et Wagner réunis. C'est ce qui fait dire à Nietzsche : "C'est moi qui ai découvert le tragique" (*Volonté de*

Puissance, IV, 534), que même les Grecs n'ont pas vraiment bien connu. La dialectique expose une vision du tragique qui le relie à la contradiction, à l'opposition, bref au négatif : c'est le côté "dramatique", au sens vulgaire qu'a pris ce terme, de la contradiction inhérente à la souffrance et à la vie. En revanche, Nietzsche, c'est clair dès la *Naissance de la tragédie*, n'est pas dialecticien. Il se rapproche plutôt de Schopenhauer. La *Naissance de la tragédie* va de pair avec les concepts dialectiques du christianisme : la justification de la vie, c'est-à-dire la réconciliation de la contradiction, la rédemption de la souffrance. Ainsi Dionysos et Apollon ne rentrent pas dans un rapport d'opposition, comme les deux termes opposés d'une contradiction, mais tous deux participent de sa résolution, Apollon par la contemplation de l'image plastique, Dionysos par le plaisir supérieur grâce auquel il résout la contradiction, dans la surabondance de l'être et de la volonté. Et la tragédie est justement cette résolution réconciliatrice. Même si Dionysos est le personnage essentiel du tragique, de même que le chœur est le spectateur tragique. Apollon, lui, propose une expression dramatique - au sens précis du terme, "qui tient du drame, relatif au théâtre" - du tragique.

Le tragique chez Nietzsche est donc tout le contraire de ce que l'on pense. Avec Dionysos, "même la plus âpre souffrance" est affirmée, car l'essence du tragique, c'est l'affirmation, c'est-à-dire, paradoxalement, la joie. Le tragique ne réside donc pas dans l'angoisse, le dégoût ou la nostalgie de l'unité. Il est au contraire dans le caractère multiple et divers de l'affirmation prise en tant que telle. La joie du multiple, la joie plurielle, voilà l'essence du tragique. La joie tragique n'est donc pas l'effet d'une purgation, ou d'une réconciliation, ni d'une résignation ou d'une sublimation, d'une *catharsis* telle qu'elle apparaît dans la conception aristotélicienne de la tragédie. La joie n'est pas le résultat d'une sublimation morale ni d'une purgation médicale de la douleur, de la peur ou de la pitié. La *catharsis* ne conçoit le tragique que comme le moment des passions déprimantes, c'est-à-dire, selon Nietzsche, des sentiments réactifs (*Volonté de puissance*, IV, 460). Pour Nietzsche, tragique ne signifie pas éthique mais esthétique, car la tragédie, en sa forme, est joyeuse : "La renaissance de la tragédie entraîne la renaissance de *l'auditeur artiste* dont la place au théâtre, jusqu'à présent, a été occupée par un étrange quiproquo, aux prétentions mi-morales, mi-érudites, le critique" (*Naissance de la tragédie*, 22). Il faut dégager le tragique de la peur et de la pitié, qui sont les sentiments des mauvais auditeurs, qui lui donnent le mauvais sens de la mauvaise conscience. S'il y a une éthique du tragique, c'est donc une éthique de la joie. Anti-dialectique, le tragique est donc aussi anti-religieux. Non fondé sur la négativité de la vie, mais sur la positivité du multiple et de la joie. "Le héros est gai, voilà ce qui a échappé jusqu'à maintenant aux auteurs de tragédies" (*Volonté de puissance*, IV, 50). La tragédie avoue franchement un gai dynamisme.

Nietzsche délaissera lui-même l'idée du *drame*, présente dans la *Naissance de la tragédie*. Car le drame est pathétique, il est fondé sur la contradiction inhérente au *pathos* chrétien. C'est ce que Nietzsche reprochera à Wagner : que sa musique soit dramatique et non pas affirmatrice. Il faut substituer le caractère héroïque au caractère dramatique de la tragédie : le héros est gai, joueur, léger, danseur (*Volonté de puissance*, III, 191, 220, 221; IV, 17-60). Ainsi Dionysos a-t-il pour devoir de nous faire danser et jouer. Dionysos, c'est-à-dire "Polygethes", le dieu des multiples joies.

Quant à la dialectique, elle signifie la mort de la tragédie, que ce soit par son côté théorique (Socrate) ou chrétien (Hegel). La dialectique est l'idéologie chrétienne qui justifie la vie par le travail du négatif. Ce qu'il y a de commun à cette idéologie et à la pensée tragique, c'est la question du sens de l'existence. L'une accuse la vie et la rachète, transforme l'existence en faute et en culpabilité puis la rend juste. Ainsi Hegel interprète l'existence dans la perspective de la conscience malheureuse, figure de la mauvaise conscience chrétienne. Même Schopenhauer justifiera la vie en la niant. Nietzsche ne fait pas de la souffrance la justification de l'existence mais, au contraire, de l'existence la justification de toute affirmation, et même de la souffrance.

Le tragique contre le nihilisme

Aussi la pensée tragique s'oppose-t-elle au nihilisme. Le nihilisme est négation de la vie, dépréciation de l'existence, ressentiment, mauvaise conscience, idéal ascétique, bref esprit de vengeance. Ainsi, on le sait, le christianisme est rempli de ressentiment et de mauvaise conscience. "L'instinct de la vengeance s'est tellement emparé de l'humanité au cours des siècles que toute la métaphysique, la psychologie, l'histoire et surtout la morale en portent l'empreinte. Dès que l'homme a pensé il a introduit dans les choses le bacille de la vengeance." (*Volonté de puissance*, III, 458). La pensée tragique est alors la lutte contre le nihilisme et l'esprit de vengeance, tentative de transformer l'homme qui déprécie l'existence en surhomme, qui n'a pas de ressentiment. En ce sens la philosophie de Nietzsche tout entière est fondée sur la pensée tragique. Il s'agit d'opérer une "transmutation", de produire une "nouvelle manière de penser". Penser affirmativement, en affirmant la vie, la volonté, en excluant le négatif. Tel est le message joyeux de Nietzsche, le "gais savoir" : "Volonté, c'est ainsi que s'appelle le libérateur et le messager de la joie" (*Ainsi parlait Zarathoustra*, II, "De la rédemption" et *Ecce Homo*, IV, 1 : "Je suis le contraire d'un esprit négateur. Je suis un joyeux messager comme il n'y en eut jamais."). La pensée tragique donne donc le gai savoir. Le tragique n'est pas dans le ressentiment et ses récriminations, dans la mauvaise conscience et ses conflits, dans la volonté et ses contradictions qui la font se sentir responsable et coupable. A la limite, le tragique n'est pas non plus dans la négation du ressentiment, de la mauvaises conscience ou du nihilisme. Car le tragique n'est pas négation. Tragique veut dire joyeux. La volonté est dans la création et l'affirmation. Le tragique est dans la pure positivité, la pure multiplicité, le gai dynamisme. L'affirmation est donc tragique, car elle est affirmation du hasard, et de sa nécessité, du devenir, et de son être, de la multiplicité et de son unité. Le hasard est tragique. Le reste est comédie : comédie de la mauvaise conscience, du nihilisme, du *pathos* dialectique et chrétien.

Le tragique s'oppose donc au nihilisme, car le nihilisme veut dire pessimisme, c'est-à-dire dégoût, morosité et nostalgie réunis, *spleen* romantique. Au contraire, la volonté de puissance affirme la vie contre le néant, crée des valeurs au lieu de se lamenter sur la mort de Dieu. Le nihilisme est décadent, la pensée tragique est créatrice. Le héros tragique a donc toute aptitude à l'affirmation dionysiaque. Il a une telle énergie qu'il peut tout transmuter en affirmation. "Un tel esprit *libéré* apparaît au centre de l'univers, dans un fatalisme heureux et confiant avec la *foi* qu'il n'y a rien de condamnable que ce qui existe isolément, et que, dans l'ensemble, tout se résout et s'affirme. *Il ne nie plus*... Mais une telle foi est la plus haute de toutes les fois possibles. Je l'ai baptisée du nom de *Dionysos*." (*Crépuscule des idoles*, 180).

Il ne faut donc pas confondre la négativité des faibles (réactive, nihiliste) avec la négativité des forts (active, dionysiaque). Il s'agit d'opérer un dépassement du nihilisme. Non pas le pessimisme, donc, ou le "nihilisme incomplet", le nihilisme passif, mais le nihilisme actif : "C'est l'état des esprits forts et des volontés fortes; à ceux-là il n'est pas possible de s'en tenir à un "jugement" négatif; la *négation active* tient à leur nature profonde. Le jugement négateur vient seulement à l'appui de leur action négatrice." (*Volonté de puissance*, Tome II, Livre III, § 102, p. 43). Il s'agit de participer à la fête de la puissance. Le nihilisme manifeste une forte spiritualité : c'est un moment de décadence, mais une décadence qui se détruit elle-même pour se transcender par une activité créatrice. La pensée tragique est une puissance d'œuvre, une exigence de création. C'est le seul moyen de juger la Volonté de Puissance : le créateur est "l'homme en qui la puissance déborde" (*Volonté de puissance*, Tome I, § 12, p. 34).

La pensée tragique signifie puissance, liberté, passion créatrice. Elle ne doit pas se confondre avec le besoin de bonheur : l'homme *supérieur* se distingue de l'*inférieur* par l'intrépidité avec laquelle il provoque le malheur : c'est un signe de *régression* quand les valeurs eudémonistes commencent à passer au premier plan (lassitude physique, appauvrissement du vouloir)... Une force pleine veut créer, souffrir, périr." (*Volonté de puissance*, Tome I, Livre II, § 551, p. 371). La pensée tragique ne vit pas le bonheur de la soumission, mais la joie de la puissance. Alors que le ressentiment et la vengeance sont le fait de l'impuissant, la véritable joie est le fait du créateur, de celui qui a la puissance d'œuvrer, la puissance dionysiaque.

La vérité tragique

Mais le symbolisme de Dionysos ne correspond pas simplement à la problématique esthétique de l'art. Il se rapporte aussi à la problématique ontologique en tant qu'il signifie le conflit tragique de la vie et de la connaissance : " Le rapport de l'*art* et de la *vérité* est le premier sur lequel j'ai réfléchi. Et maintenant encore leur inimitié me remplit d'un effroi sacré. Mon premier livre a été consacré à ce fait; la *Naissance de la tragédie* croit à l'art, avec, à l'arrière-plan cette autre croyance, que, *l'on ne peut pas vivre avec la vérité.*" (*Volonté de puissance*, Tome II, Livre III, § 557, p. 172). La pensée tragique, c'est donc aussi l'idée que l'art est une protection de la vie contre la vérité. Dans la tragédie grecque, "nous reconnaissons... la possibilité de vivre malgré le savoir". Il faut procéder, pour Nietzsche, à une réhabilitation de l'apparence en faveur de la vie, contre le savoir. Le dionysisme est aussi, comme l'apollinisme, force d'illusion, médicament contre la connaissance, mais aussi, du même coup, apparition de la Vérité tragique. Qu'est-ce donc que la sagesse tragique ? C'est la sagesse du Silène, compagnon de Dionysos, vérité terrifiante que les Grecs découvraient lors des fêtes dionysiaques, détruisant l'apparence apollinienne. Dionysos, c'est donc aussi la vérité dangereuse contre le mensonge consolateur d'Apollon. De plus le chœur de la tragédie hellénique, médium de Dionysos, est celui qui "proclame la vérité qui jaillit du sein de l'univers". (*Naissance de la tragédie*, § 8, p. 63). L'apollinisme met alors tout en jeu pour mobiliser le chœur tragique à son service : il signifie l'art mensonger contre la vérité mortelle du dionysisme. L'illusion esthétique que procure l'apollinisme est donc le remède contre le dégoût de la vie, les souffrances de l'homme dionysien qui parvient à la vérité, au savoir. C'est le chœur tragique "qui console l'Hellène méditatif (...) L'art le sauve" (*Naissance de la tragédie*, § 7). La connaissance tragique fait que l'homme se retrouve face à une vérité inhumaine. Et pourtant, "c'est *la félicité qui accompagne la connaissance de la pire douleur*" (*Naissance de la tragédie*). La douleur et la contradiction ne sont donc pas signes de manque dans l'Etre, mais expression d'une plénitude créatrice, la destruction étant nécessaire à toute création. Dionysos est justement le représentant, dans la *Naissance de la tragédie*, de cette négativité *constructive*, cause du plaisir tragique, celui de voir la destruction. Le dionysisme est "participation panthéiste à toute joie et à toute peine (...) union nécessaire entre la création et la destruction" (*Volonté de puissance*, Tome II, Livre IV, § 556). Et c'est le chœur tragique qui doit nous faire ressentir cette vérité tragique.

    La pensée tragique, du véritable philosophe, est donc "une attitude dionysiaque en face de l'existence (...) un *amor fati*" (*Volonté de puissance*, Tome II, Livre IV, § 14). C'est l'idée d'une affirmation absolue, non pas affirmation dans la perspective d'un optimisme moral et théologique à la manière de Leibniz, ou dans le sens d'un fatalisme passif, mais plutôt pessimisme héroïque, affirmation authentique qui sublime la souffrance par la création. Non pas le oui de l'âne, mais la responsabilité tragique.

La pensée tragique de Nietzsche explicite donc le tragique dans un sens opposé au sens courant. Car le tragique ne réside pas dans la tristesse, mais dans la joie. Le tragique n'implique pas le nihilisme, mais l'affirmation absolue. Enfin le tragique ne signifie pas la douleur mais le plaisir pris à la vérité douloureuse.

CHAPITRE II

THEATRE PHILOSOPHIQUE : LA PHILOSOPHIE DANS LE THEATRE

TROIS MISES EN SCENE DE LA PHILOSOPHIE : *Solo*, de Joshua Sobol, *L'Entretien de M. Descartes avec M. Pascal le Jeune*, de Jean-Claude Brisville, et *Emmanuel Kant*, de Thomas Bernhard

Si les philosophes se sont penchés sur le théâtre et sa signification, on trouve aussi des dramaturges qui ont eu pour projet de mettre en scène des philosophes, et parmi eux, par exemple, des figures aussi emblématiques que Spinoza, Descartes, Pascal ou Kant. Chacun à sa manière transcrit par son art théâtral un aspect particulier de la philosophie : ainsi Joshua Sobol met-il en scène, dans *Solo*, certains thèmes de la philosophie de Spinoza; Jean-Claude Brisville présente plutôt, dans son *Entretien de M. Descartes avec M. Pascal le Jeune*, les philosophes que sont Descartes et Pascal; enfin Thomas Bernhard fait apparaître la figure du philosophe en général à travers sa pièce mettant en scène *Emmanuel Kant*. Voyons, pour commencer, les principales notions philosophiques que J. Sobol met en relief dans sa pièce sur Spinoza.

I. Les concepts philosophiques spinozistes dans *Solo* de J. Sobol

Les passions

C'est principalement Mari qui nous fait comprendre le sens des passions dans *Solo*. A commencer par le désir et le plaisir. A l'intervention de Spinoza dans la pièce (acte I, scène 7) : « Sottises! Il n'y a pas de sentiment plus fort ni plus intense que le désir. Le désir est l'essence même de l'homme. », on peut faire correspondre la fameuse citation de l'*Ethique* : « Le désir est l'essence même de l'homme, en tant qu'elle est conçue comme déterminée, par une quelconque affection d'elle-même, à faire quelque chose » (Livre III; Déf. 1). Ou bien encore : « Quel mal y a-t-il au plaisir ? Chaque fois que j'éprouve du plaisir, j'ai l'impression de passer d'une moindre à une plus grande perfection. ».Cette réplique de Spinoza traduit directement la phrase de l'*Ethique* : « La joie est le passage de l'homme d'une moindre à une plus grande perfection. » (Livre III; Déf. 2). On sait en effet que pour Spinoza l'homme est un être de désir et de passions et que celles-ci sont bonnes ou mauvaises suivant que nous en formons des idées adéquates ou non. Il y a ainsi des passions tristes et des passions joyeuses.

Il s'ensuit toute une conception du bien, du mal et de la crainte.
« Mari : As-tu peur du MAL ?

Spinoza : Le MAL n'existe pas.
Mari : Le BIEN n'existe pas.
Spinoza : C'est vrai.
Mari : Allons!
Spinoza : Tout ce qui nous aide à persister, nous l'appelons « BON », tout ce qui menace notre existence, nous le percevons comme « MAUVAIS ». Mais ce qui est bon pour le chat est MAUVAIS pour la souris (acte I; scène 5). Et de fait, notamment grâce aux lettres de Spinoza sur le mal, qu'il faut substituer, selon lui, à la conception objectiviste et moralisante des valeurs absolues que sont le Bien et le Mal, une conception subjectiviste et éthique des valeurs relatives que sont le bon et le mauvais. Ce qui amène Mari et Spinoza à débattre de la peur, de la crainte dans des termes qui reprennent les propositions de l'*Ethique* comme la Définition 13 du Livre III : « La crainte est une tristesse inconstante, née de l'idée d'une chose future ou passée dont l'issue nous paraît dans une certaine mesure douteuse. » Ainsi il apparaît que les passions et la crainte sont le signe que l'homme n'est pas libre mais bien plutôt déterminé.

C'est ce qui transparaît aussi à travers les thèmes de l'amour et de la haine. Ainsi Mari affirme, à la scène 1 de l'acte III, que l'amour n'existe pas, mais seulement le besoin d'amour. C'est ce que dit Spinoza dans l'*Ethique* : « L'amour est la joie accompagnée de l'idée d'une cause extérieure. » (Livre III, Déf. 6). Spinoza explique cette thèse en ces termes : « Cette définition explique avec suffisamment de clarté l'essence de l'amour comme *la volonté de celui qui aime de se joindre à la chose aimée*, elle n'exprime pas l'essence de l'amour mais sa propriété, et comme ses auteurs n'ont pas suffisamment scruté l'essence de l'amour, ils n'ont pu avoir aucun concept clair de sa propriété; de là est venu que leur définition a été jugée tout à fait obscure par tous. Mais il faut remarquer que, lorsque je dis que c'est une propriété chez celui qui aime d'avoir la volonté de se joindre à la chose aimée, je n'entends pas par volonté un consentement ou une délibération de l'âme, c'est-à-dire un libre décret (...) mais (...) la satisfaction que ressent celui qui aime en présence de la chose aimée, et qui fortifie ou du moins favorise la joie de celui qui aime » (Livre III, Déf. 6, Explication). La haine, quant à elle, « est la tristesse accompagnée de l'idée d'une cause extérieure » (Livre III, Déf. 7). Mais ce qui importe, c'est que l'amour se nourrit de la haine, grandit quand il parvient à la vaincre, interaction que Sobol met en scène dans la bouche de Spinoza : « Les gens s'évertuent habituellement à faire en sorte que les autres aiment ce qu'ils aiment eux-mêmes. Ils essaient de faire vivre le monde entier selon leur bon plaisir. Je suis presque tombé dans ce piège. J'ai eu ce moment de faiblesse lorsque j'ai voulu faire vivre mon peuple selon mes convictions. Et puis quelque chose de très important m'est arrivé. J'ai compris que ceci est de la haine et n'a rien à voir avec l'amour. Si tu aimes vraiment une personne sans aimer ton reflet dans cette personne, alors tu aimes le monde entier... » (acte IV, scène 1). Ainsi donc, le salut véritable ne peut résider dans l'amour, qui est une forme de passion, mais dans la liberté, c'est-à-dire la connaissance de ce qui nous détermine.

La religion

Les expressions bibliques font plusieurs occurrences dans *Solo*. Ainsi Spinoza : « C'est exactement la raison donnée dans la Bible : ''Pour que tes jours se prolongent sur terre, tu ne tueras point, tu ne voleras point''. » (acte I, scène 5). De même :
« Clara Maria : Alors « Dieu » est juste un autre nom pour « Tout ce qui est ».
Spinoza : C'est le sens de son nom en hébreu : Ya'haveh : Tout ce qui est, qui fut et qui sera. All. Allah. Ell. Alles. Tout. » (acte I, scène 7).

De fait, Spinoza est fortement influencé par les Saintes Ecritures, même s'il possède un avis particulier sur elles, à savoir qu'elles ne proviennent pas de Dieu. Ainsi, à la scène 2 de l'acte III (sixième tableau) : « J'écrirai un Traité théologico-politique. Je démontrerai que les Ecritures sont une compilation de versions qui se contredisent et qui ont été collées ensemble par les simples mortels. » Chose que l'on peut vérifier dans son *Traité* du même nom, au chapitre 2 : « La révélation même différait comme nous l'avons dit, pour chaque prophète suivant la disposition de son tempérament, de son imagination et en rapport avec ses opinions antérieures. Les différences relatives au tempérament étaient les suivantes : si un prophète était d'humeur joyeuse, il lui était révélé les événements qui, comme les victoires et la paix, inclinent les hommes à la joie (...); s'il était d'humeur triste, au contraire, des maux tels que la guerre, les supplices lui étaient révélés. » On le sait, le but de ce traité est de substituer la liberté de penser aux superstitions et autres préjugés religieux.

Parmi eux, les miracles. Ainsi à la scène 2 de l'acte III (sixième tableau) :
« Spinoza : Tu ne peux pas croire qu'il va y avoir une inondation.

Manasseh : Le peuple le croit. C'est une chance précieuse de prouver que nous sommes les fils loyaux de cette nouvelle patrie et que nous partageons les anxiétés et les peurs de tous les citoyens.
Spinoza : Et de renforcer l'obscurantisme. »
L'idée de Spinoza est bien, en effet, que la superstition n'est rien d'autre qu'une arme des prêtres face au peuple et à sa crédulité.

Enfin, l'essentiel de la conception spinoziste de la religion apparaît, bien sûr, avec le concept de Dieu. Ainsi Spinoza fait-il référence à la substance à la scène 7 de l'acte I : « Il y a une substance et il n'y a rien d'autre en dehors de cette substance. » Affirmation qui fait écho à la définition 3 du Livre I de l'*Ethique* : « Par substance, j'entends ce qui est en soi et est conçu par soi, c'est-à-dire ce dont le concept n'a pas besoin du concept d'une autre chose pour être formé. » Ou encore :
« Clara Maria : Alors, Dieu n'existe pas en dehors du monde.
Spinoza : Tout comme le monde n'existe pas en dehors de Dieu.
Clara Maria : Alors « Dieu » est juste un autre nom pour « Tout ce qui est » ». Idée que l'on trouve dans l'*Ethique* (Livre I, Proposition 15) : « Tout ce qui est, est en Dieu, et rien, sans Dieu, ne peut ni être ni être conçu. » De

même, à la réfutation spinoziste de l'idée de création, à laquelle il substitue celle d'éternité, répond la Proposition 21 du Livre I de l'*Ethique* : « Tout ce qui suit de la nature absolue d'un attribut de Dieu a dû toujours exister et être infini, autrement dit est éternel et infini par cet attribut. » Ce sera précisément de la connaissance de la nature de Dieu que découlera la vie éternelle.

La politique

Le politique est intriqué au religieux, dans la mesure où il intervient à propos de l'idée spinoziste de séparation de l'Etat et de la religion, telle qu'elle apparaît à la scène 2 de l'acte II : « C'est pourquoi je ne suggère pas que l'on attende patiemment la réforme de la religion, mais plutôt que l'on réforme l'Etat en le séparant de la religion. » Et de fait la place du clergé dans la politique est selon Spinoza trop importante, à tel point qu'elle fait décroître la stabilité de celle-ci. La religion devrait donc être sous la dépendance de l'Etat. L'idéal serait donc une religion civile.

Tout concourt donc, on le voit, à une véritable mise en scène de certains concepts clés de la philosophie de Spinoza dans cette pièce de J. Sobol. *Solo* fait ainsi vivre la philosophie de Spinoza au théâtre.

II. *L'Entretien de M. Descartes avec M. Pascal le Jeune*
Le personnage de Descartes

Dès le début de l'*Entretien*, Descartes apparaît sous l'aspect classique du philosophe qui préfère la profondeur à la surface, l'essence à l'apparence : « La plupart n'en veulent, dit-il, qu'à mon apparence. » (p. 11). C'est le Descartes de la Lettre à Elisabeth sur le bonheur, celui qui est heureux par la « raison » (« Ma raison aujourd'hui me tient quitte d'avoir raison », p. 12) et un « contentement » intérieur, non pas par le coeur et les bienfaits extérieurs. Et tout au long de l'*Entretien*, quantité d'allusions font référence au Descartes réel. Essayons de recenser ces éléments qui sont comme des signes de reconnaissance. D'abord Descartes parle de la reine Christine (p. 12), il dit qu'il s'«avance masqué » (p. 13) selon la fameuse formule « *larvatus prodeo* ». Il indique à Pascal qu'il a été l'élève des Jésuites au Collège de « La Flèche » (p. 16). Il affirme sa foi dans la « science » (p. 15). Ainsi la première vérité lui semble « qu'on sait que trois et deux font cinq » et qu'ainsi « les mathématiques sont (...) source de certitude » (p. 17). C'est ici le fameux thème de la *Mathesis universalis* qui transparaît implicitement. Il refuse donc le dilemme foi / raison en affirmant qu'on peut « être un bon Chrétien tout en s'intéressant à la géométrie » (p. 19). Plus loin apparaît, incidemment, la fameuse référence au poêle (« enfermé seul dans un poêle », p. 21), comme dans le *Discours de la méthode*. Sa préférence pour l'esprit, sa puissance sur le corps, est transcrite dans l'allusion à la volonté : « L'usage que je fais de mon esprit relève de ma volonté. » (p. 22) : c'est toute la philosophie cartésienne de la maîtrise des passions qui se fait jour ici.

Pourtant, étrangement, sa préférence pour l'esprit ne le fait pas mépriser le corps, comme on pourrait le croire, selon une vulgarisation du cartésianisme. C'est en cela qu'il s'oppose à Pascal : « La théologie ne peut répondre clairement à tout, (...) en de certains moments la vie prévaut sur la réflexion » (p. 28). Face à l'intransigeance de Pascal, Descartes apparaît comme le philosophe qui a le sens commun, et qui ne perd pas de vue le concret et le matériel. C'est ce qui lui fait dire à Pascal : « Et si vous aimiez un peu plus votre corps... Si vous étiez avec lui moins sévère ? Il se peut alors que votre âme... » (p. 30).

En découle toute sa position face à la théologie. Il critique Pascal dans sa manière d'aimer le Christ dans le sacrifice plutôt que le réel amour : « Vous l'aimez en vous déchirant, en immolant votre raison et votre liberté. Vous ne l'aimez qu'en vous faisant peur à vous-même. Etrange amour. » (p. 34). Il avoue ne pas suivre l'attitude pure de Galilée qui ne se renie pas quand ses croyances scientifiques s'opposent aux croyances théologiques : « Cette vérité pouvant être pour moi source d'ennuis, j'ai préféré ne pas la dire. » (p. 34). Bref, Descartes est mis en scène par Jean-Claude Brisville comme le philosophe de la raison, de la science, mais aussi comme l'homme de bon sens, qui a le sens du réel, et du concret. Le théâtre est ici l'occasion de marquer les contours d'un personnage et, derrière lui, d'une personne.

Le personnage de Pascal

Plusieurs occurrences font explicitement référence, de la même manière, à Pascal, et à tout ce qui rapporte à lui. Ainsi il est question de son fameux « Traité » du Vide (p. 12), de sa « machine arithmétique » (p. 13).

Mais ce qui importe le plus, bien sûr, c'est sa philosophie, dans tout ce qui l'oppose à celle de Descartes. En fait, dès le début, l'antinomie de la pensée et du coeur apparaît.

« Il semble, dit Pascal, que penser soit pour vous le ressort de toute vie. » (p. 13). Alors que, on le sait, ce qui compte, pour Pascal, c'est plutôt « Dieu » et le « salut » (p. 14). D'où son scepticisme et un pessimisme face au savoir : « au bout du compte on ne sait rien. » (p. 14), « elle (la science) ne nous dit rien de Dieu. » (p. 15). On comprend alors l'angoisse métaphysique de Pascal, opposée à la certitude rationnelle de Descartes. C'est le thème du « vertige » (p. 16) et de l' « ennui » métaphysiques (p. 17). L'idée que « l'univers est sans bornes » (p. 17) en est la cause. Elle produit cette impression de déréliction, d'angoisse existentielle de l'être fini face à l'infini. C'est ici qu'apparaît en substance la fameuse citation des *Pensées* : « Son silence (celui du ciel, des « espaces infinis ») éternel m'effraie » (p. 18). C'est clair, l'important, pour Pascal, c'est la religion, et non la science (« Pas plus que l'éternité, l'infini n'entre dans les nombres », p. 18; « Arriver à la paix par les nombres (...) [c'est s'acheminer] à vous faire passer de Dieu », p. 19). La science est pleine de « l'orgueil de l'esprit » (p. 19), alors que l'homme de foi sait sa « faiblesse, où est notre grandeur » (p. 18). Pascal n'a donc pas le même rapport à Dieu que Descartes : « Il est pour vous comme un principe, et en moi comme une chaleur. Vous le pensez, moi je le sens. Voilà toute la différence. » (p. 19).

Aussi Pascal préfère-t-il le coeur à la raison : « Elle n'a plus ma confiance entière. » (p. 20). Pascal critique Descartes de « ne miser que sur l'intelligence » (p. 22), au lieu de comprendre l'importance du « sentiment », de « la misère de l'homme » (p. 22). Rien n'est certain, tout est « mystère » (p. 26) pour lui. Aussi Descartes lui reproche-t-il de vouloir « saisir l'insaisissable » (p. 22) tandis que ce dernier reproche au premier son ignorance du coeur : « Votre raison prendra-t-elle toujours le pas sur votre coeur ? » (p. 28). Le problème, c'est que si Pascal préfère le coeur à l'esprit, il en vient aussi à oublier le corps : « Oublions mon corps. » (p. 30). C'est le vertige qui en est la cause : « Si mon âme ne tremblait pas, mon corps serait peut-être moins malade. » (p. 30).

Finalement, là où Descartes voit la vérité dans la science, Pascal la voit dans « l'Ecriture Sainte » (p. 33). Là où Descartes affirme : « Il ne me suffit pas de croire : je veux savoir. », Pascal répond : « Je ne vois que des infinis qui m'enferment comme un atome » (p. 35), « ce tout vers quoi j'aspire est au-delà de la mathématique » (p. 36). On le voit, tout concourt à mettre en scène un Pascal philosophe du coeur et du salut, de Dieu et de la religion, de l'homme et de sa misère.

III. La figure du philosophe dans *Emmanuel Kant* de Thomas Bernhard : le philosophe en perroquet

Dès le début de la pièce de Thomas Bernhard, le philosophe est présenté par Kant :

« Psittacus erithacus
le philosophe en soi
en lui-même
en soi » (p. 12)

Suivent alors toute une série de remarques ou allusions qui, décrivant le perroquet Friedrich, animal fétiche de Kant, définissent en même temps le philosophe. Ainsi :

« le psittacus erithacus
est le plus sensible » (p. 13).

Et de fait, la faculté d'intelligence, de réflexion, de compréhension, n'existerait pas sans une sensibilité qui la motive, la stimule. Et du même coup :

« le psittacus erithacus
est le plus intelligent » (p. 28).

Le philosophe est présenté comme l'homme le plus intelligent parce que le plus sensible et inversement. La preuve en est qu'il est le seul à connaître « le principe fondamental unique absolument premier / universellement valable pour toutes les vérités » (p. 28).

Mais le perroquet Friedrich, c'est-à-dire le philosophe, est aussi du même coup objet de haine :
« C'est aussi pour cette raison que Friedrich
est l'être le plus haï
ceux qui le haïssent le plus sont les professeurs
d'université
car il est toujours assis
à la première place
les professeurs l'envient
pour son attention
Rien ne lui échappe
tandis que presque tout échappe
aux savants » (p. 36).
On serait tenté de dire, en parodiant Kierkegaard : « Ote la pensée au penseur, et tu as un professeur ». Kant avoue ainsi :
« Je suis resté seul avec Friedrich
ce fut le meilleur moment de ma vie » (p. 44).
Et de fait, quel meilleur exemple d'amour de la philosophie que celui de Kant lui-même ? Le perroquet est ensuite décrit de la manière suivante :
« Cette tête enregistre tout
ce qui lui a jamais été dit
une tête parfaitement ordonnée comme aucune » (p. 44).

Et l'on sait que le philosophe symbolise en effet le penseur qui comprend, met de l'ordre là où tout n'est que chaos.

Dans la deuxième partie de la pièce, « Pont milieu », Kant parle en ces termes de Friedrich :
« Les médecins affolent
tout dans un homme
ils tuent tout dans un homme
à plus forte raison dans Friedrich » (p. 90).
On peut penser en effet que la propension des philosophes à penser les rapproche de l'esprit en les éloignant du corps, et que du même coup leur ignorance du corps peut les pousser à une certaine crainte vis-à-vis de tout ce qui touche aux maladies.

Dans la troisième partie, « Pont arrière », on retrouve le thème du philosophe comme « tête-enregistreuse type » (p. 103), mais aussi d'autres remarques plus anodines, du type :
« Le psittacus erithacus
a besoin de beaucoup de sommeil » (p. 116)
et, à nouveau,
« Le mépris des médecins
est très répandu
parmi les penseurs » (p. 120), ou enfin,
« Le plus grand chef-d'œuvre du monde
Friedrich

mon Friedrich » (p. 130). Le philosophe est, on le voit, placé au-dessus de tout.

Telle est sans doute la portée philosophique de la pièce de Thomas Bernhard. L'essentiel n'est pas, bizarrement, Kant lui-même, comme le titre pourrait nous le faire penser. Dès lors qu'il est question, en effet, de la philosophie de Kant, l'auteur se tait, à l'image de son personnage :
« Impossible de parler de raison
en haute mer » (p. 99). Ainsi se termine la deuxième partie de la pièce, au moment même où l'on attendait l'apogée du texte, c'est-à-dire un exposé de la philosophie de Kant. Non, l'essentiel, c'est la philosophie, le philosophe en général. Le personnage principal, ce n'est donc pas Kant, mais son perroquet. Même si, finalement, Thomas Bernhard daigne nous donner une idée de la conception kantienne de la vérité, à la fin de la pièce : « La vérité est dans l'équilibrisme » (p. 124). C'est donc bien la philosophie et son sens qui est ici interrogée, plutôt que le kantisme ou la personne de Kant. Ce dernier n'est là que pour symboliser le philosophe. Mais Kant ne cesse de s'effacer devant la figure du philosophe.

C'est clair, avec le *Solo* de Joshua Sobol, *L'Entretien de M. Descartes avec M.*

Pascal le Jeune de Jean-Claude Brisville et *Emmanuel Kant* de Thomas Bernhard, nous avons bien trois mises en scène de la philosophie. Il s'agit en effet ici de pièces qui n'abordent pas la philosophie de biais, mais de front. La philosophie y est littéralement thématisée. On peut alors parler d'une véritable théâtralité de la philosophie.

L'ENGAGEMENT PHILOSOPHIQUE DANS LE THEATRE DE SARTRE

Comme le dit le pédagogue d'Oreste dans *Les Mouches* de Sartre : « A présent vous voilà jeune, riche et beau, arrivé comme un vieillard, affranchi de toutes les croyances, sans famille, sans patrie, sans religion, sans métier, (...), un homme supérieur enfin, *libre pour tous les engagements et sachant qu'il ne faut jamais s'engager* » (Sartre, *Les Mouches*, pp. 23-4, c'est nous qui soulignons). Pourtant Oreste ne peut s'empêcher de déclarer : « Mais quoi ? *Pour aimer, pour haïr, il faut se donner*. Il est beau, l'homme au sang riche, solidement planté au milieu de ses biens, qui se donne un beau jour à l'amour, à la haine, et qui donne avec lui sa terre, sa maison et ses souvenirs » (*Ibid.*, p. 60, c'est nous qui soulignons). La thèse de Sartre est claire : pas de liberté pour l'homme sans engagement. Ainsi Oreste passera du confort, de l'irresponsabilité et de l'esthétisme détaché à la décision d'agir, de commettre un acte qui lui appartienne : venger la mort de son père. La grandeur d'un homme réside dans cet engagement, c'est-à-dire dans la volonté de se faire liberté pour que le sens de la vie se situe dans la responsabilité.

Sans doute que l'œuvre théâtrale de Sartre est l'exemple même d'un engagement philosophique. Avec *Les Mouches*, *Huis-clos*, *Les Mains sales*, *Le Diable et le Bon dieu* ou bien encore *Les séquestrés d'Altona*, il ne s'agit plus des théories plus ou moins abstraites de *L'Etre et le Néant* ou bien *L'existentialisme est un humanisme* sur la liberté, autrui, la morale, etc., mais de la mise en scène concrète de ces mêmes idées. Relayée par la littérature, et plus particulièrement le théâtre, la philosophie de Sartre est résolument engagée. Mais en même temps les idées se mettent au service de ses pièces, c'est son théâtre lui-même qui est engagé. Chaque pièce de théâtre est alors la traduction, à travers un ou plusieurs concepts-clefs, de l'engagement philosophique de Sartre.

La liberté dans Les Mouches

Déjà dans *Bariona*, première pièce de théâtre de Sartre représentée en 1940, Sartre lançait un appel à la résistance aux prisonniers de guerre du Stalag XII D à Trèves. Avec *Les Mouches*, représentées à Paris au théâtre de la Cité en juin 1943, Sartre renforce cet appel à la résistance en thématisant l'idée de liberté. D'où la portée morale et politique de cette pièce.

Rappelons brièvement l'argument de la pièce. Egisthe a commis un crime : il a assassiné le roi Agamemnon, père d'Oreste et d'Electre, et épousé sa veuve Clytemnestre. Les habitants d'Argos expient son crime. Electre, devenue esclave, lance un appel à la révolte. Oreste veut entraîner sa sœur loin d'Argos. Mais elle refuse. Alors il tue Egisthe et Clytemnestre, meurtre qu'Electre condamne, si bien que la foule veut lapider Oreste. Ce dernier abandonne Argos en la libérant des Erynnies, représentées sous forme de mouches, insectes obsédant comme les remords.

C'est donc un problème fondamental qui est traité dans *Les Mouches* : celui de la liberté qui apparaît comme le fondement de l'homme, la condition de possibilité de l'humanité. Il est clair que l'intention de Sartre est marquée. Alors que la tragédie de l'*Orestie* faisait d'Oreste la victime de la fatalité, le drame des *Mouches* en fait le champion de la liberté. Oreste ne tue plus sous l'effet de puissances obscures. Il tue en pleine connaissance de cause, ou, comme eut dit Descartes, par l'effet de son libre arbitre. Il tue en commettant un acte délibéré, qui doit être signe de justice, et qui doit faire apparaître Oreste comme homme pleinement homme. C'est-à-dire qu'Oreste assume totalement la responsabilité de son acte. Il ne ressent pas les remords. Il n'est pas esclave des « mouches ».

A l'homme libre qu'est Oreste, s'oppose la femme asservie qu'est Electre. Electre est en proie à la passion, aux rancunes familiales, elle est en proie aux affres de la haine, tout comme le peuple d'Argos est rongé par la peur. Elle n'a pas la lucidité et le courage que requiert la liberté. Elle n'a pas agi librement en aidant son frère meurtrier, de même que sa mère Clytemnestre dans le meurtre d'Agamemnon. Elle est donc en proie au remords. Elle n'échappe pas aux Erynnies, aux mouches, si ce n'est par le repentir.

De même, la liberté est mise en scène par l'opposition entre Egisthe et Oreste, le premier figurant la passivité, le second l'activité. Egisthe en effet s'offre passivement, de manière quasi sacrificielle, à son meurtrier, il représente la mort là où Oreste représente la vie. Il est lui aussi en proie au remords, à la mauvaise conscience face à son meurtre. Alors qu'Oreste commet un acte meurtrier qui lui apporte la plénitude plutôt que le remords. Son acte n'est pas l'effet d'un sentiment de vengeance ou d'ambition, mais la cause de sa liberté. De plus alors qu'Egisthe entraîne les autres dans son remords, alors qu'il vit dans la haine de lui-même, Oreste apporte à autrui la liberté et assume la culpabilité de la société. Il est deux fois libérateur. D'abords parce qu'il réduit le tyran du peuple à néant et apprend ainsi à ce dernier que la nature de l'homme réside dans la liberté ; ensuite parce qu'il permet à ce même peuple de rejeter sur lui tout le poids de ses péchés.

Oreste est donc celui qui brise le cercle vicieux de la fatalité et transfigure la nécessité en liberté. Ce qui ne veut pas dire qu'établir le règne de la liberté, c'est prendre à son tour le pouvoir, même un autre type de pouvoir. Oreste détruit tout rapport de domination en apportant la liberté. S'il y a une dépendance qui persiste, cette dernière est réciproque. Pas d'esclavage, incompatible avec la liberté. Oreste ne peut, comme partisan de la liberté, que laisser aux autres aussi la liberté. Les enchaîner, ce serait s'enchaîner lui-même. « Je ne suis ni le maître, ni l'esclave, Jupiter. Je *suis* ma liberté ». Pour Oreste, « chaque homme doit inventer son chemin ». Voilà la leçon morale des *Mouches* : la société ne doit pas être un mixte de maîtres et d'esclaves mais une communauté d'hommes responsables, c'est-à-dire libres[31]. Cette liberté a pour corollaire l'athéisme : « Quand une fois la liberté a explosé dans une âme d'homme, les Dieux ne peuvent plus rien contre cet homme-là ».

Autrui dans Huis-clos

Le premier titre de *Huis-clos* était : « Les autres ». Et de fait, c'est bien du thème des relations concrètes avec autrui ainsi que de la mauvaise foi, dont parlent certains chapitres de *L'Etre et le Néant*, que traite cette pièce : « Nous ne pouvons jamais (autrui et moi) nous placer concrètement sur un plan d'égalité, c'est-à-dire sur un plan où la reconnaissance de la liberté d'Autrui entraînerait la reconnaissance par Autrui de notre liberté. Autrui est par principe l'Insaisissable : il me fuit quand je le cherche et me possède quand je le fuis » (*loc. cit.*, p. 479). Ce regard que porte autrui sur moi est un regard captatif. Il me fige (par exemple dans la honte) en un être que je *suis* sans que je puisse pour autant savoir *ce qu'est* cet être pour lui. Autrui non seulement me vole le monde, mais surtout, il est celui qui me regarde, qui me met dans une situation de

---

[31] Cf. Michel Leiris, *Oreste et la Cité*, paru dans *Les Lettres françaises* (1943, n° 12), repris dans *Brisées* (Paris, Mercure de France, 1966).

vulnérabilité, car par lui, je suis vu. Je deviens objet pour autrui. Cette présence de moi échappe à moi-même. Je m'échappe non plus « en tant que je suis le fondement de mon propre néant, mais en tant que j'ai un fondement hors de moi » (*Ibid.*, p. 318). Cet être que je suis, autrui le dépasse en tant qu'objet ; je ne puis le déterminer comme je le fais pour mes possibles. Je suis alors mon possible pour autrui. « Chacune de mes libres conduites m'engage dans un nouveau milieu où la matière même de mon être est l'imprévisible liberté d'un autre. Et pourtant, par ma honte même, je revendique comme mienne cette liberté d'un autre, j'affirme une unité profonde des consciences ... une unité d'être, puisque j'accepte et je veux que les autres me confirment un être que je reconnais » (*Ibid.*, p. 320). « S'il y a un Autre, quel qu'il soit, où qu'il soit, quels que soient ses rapports avec moi ... j'ai un dehors, j'ai une *nature* ; ma chute originelle, c'est l'existence de l'autre » (*Ibid.*, p. 321). Telle est l'idée centrale de *Huis-clos*, telle qu'elle apparaît dans les dernières répliques, au moment où Garcin, pacifiste déserteur, se rend compte qu'il ne peut aimer Estelle, coquette infanticide - oubliant par là sa lâcheté -, à cause du regard plein de lucidité d'Inès, postière lesbienne :

« Estelle - Ne l'écoute pas. Prends ma bouche ; je suis à toi tout entière.
Inès - Eh bien, qu'attends-tu ? Fais ce qu'on te dit. Garcin le lâche tient dans ses bras Estelle l'infanticide. Les paris sont ouverts. Garcin le lâche l'embrassera-t-il ? Je vous vois, je vous vois ; à moi seule je suis une foule, la foule, Garcin, la foule, l'entends-tu ?
...
Garcin - Il ne fera donc jamais nuit ?
Inès - Jamais.
Garcin - Tu me verras toujours ?
Inès - Toujours.
Garcin - ... Eh bien ! Voici le moment ... Je comprends que je suis en Enfer. Je vous dis que tout était prévu. Ils avaient prévu que je me tiendrais devant cette cheminée, ... avec tous ces regards sur moi. Tous ces regards qui me mangent ... (*Il se retourne brusquement*). Ha ! Vous n'êtes que deux ? Je vous croyais beaucoup plus nombreuses. (*Il rit*). Alors, c'est ça, l'Enfer. Je n'aurai jamais cru... Vous vous rappelez : le soufre, le bûcher, le gril ... Ah ! Quelle plaisanterie. Pas besoin de gril, l'Enfer, c'est les Autres » (*Huis-clos*, scène V, pp.120-2). Illustration parfaite de ce que dit Sartre dans *L'Etre et le Néant* (p. 327) : « Par le regard d'autrui je me *vis* comme figé au milieu du monde, comme en danger, comme irrémédiable. Mais je ne *sais* ni *quel* je suis, ni

quelle est ma place dans le monde, ni *quelle* face ce monde où je suis tourne vers autrui ». En fait, je m'appréhende comme objet mais pas pour moi. Autrui ne m'est jamais *donné* comme objet. Je n'ai donc plus, pour me défendre de lui, qu'à le faire comparaître devant moi comme objet. C'est le seul moyen de me délivrer de lui et ainsi de lui échapper. Mais cet objet reste « un instrument explosif que je manie avec appréhension, parce que je ressens autour de lui la possibilité permanente qu'*on* le fasse éclater et que, avec cet éclatement, j'éprouve soudain la fuite hors de moi du monde et l'aliénation de mon être. Mon souci constant est donc de contenir autrui dans son objectivité et mes rapports avec autrui-objet sont faits essentiellement de ruses destinées à le faire rester objet. Mais il suffit d'un regard d'autrui pour que tous ces artifices s'effondrent et que j'éprouve de nouveau la transfiguration d'autrui » (*L'Etre et le Néant*, p. 358). On comprend que du même coup, je ne peux jamais être rassuré par mon objectivation d'autrui. Mes relations avec autrui sont des relations de conflit. « Le conflit est le sens originel de l'être-pour-autrui » (*Ibid.*, p. 431).

Il n'y a donc aucun sens à vouloir croire que nous vivons dans un monde sans miroir. Mon être pour autrui est inséparable de mon être pour moi. Je suis absolument tributaire d'autrui. Je suis en proie à lui. C'est pourquoi je suis en enfer. Il y a un aspect assurément infernal des relations avec les autres. Voilà ce que montre *Huis-clos*. C'est ce qu'explique Ronald D. Lang dans *Soi et les autres* en interprétant *Huis-clos* par l'idée de « collusion »[32]. La « collusion » est un « jeu » auquel jouent des personnes qui se trompent. C'est l'idée d'une autoduperie réciproque. Là où l'illusion, l'élusion ou la délusion peuvent n'être le fait que d'une personne, la collusion fait que l'un joue le jeu de l'autre, inconsciemment. La « collusion » intervient au moment où le moi découvre dans l'autre celui qui le confirme dans le moi illusoire qu'il essaie de rendre réel. Ainsi le moi tente d'échapper à la vérité par mauvaise foi. *Huis-clos* signifie le supplice infernal que vit celui qui ne parvient pas à préserver son identité du fait que cette dernière, en tant qu'identité du moi, requiert la « collusion » pour être supportée. Pour que la mauvaise foi puisse être préservée, il faut la « collusion » avec autrui. Alors « l'enfer, c'est les autres », mais peut-être parce qu'autrui est séparé de

---

[32] Cf. Ronald D. Lang, *Soi et les Autres* (Paris, Gallimard, Collection Les Essais, 1971, traduit par Gilberte Lambrichs).

moi, Sartre ne substituant jamais au face à face du soi et d'autrui, vécu dans l'érotisme ou l'équipe appréhendée dans sa dimension instrumentale, le « nous » de l'amour, de l'amitié ou de la fraternité.

La « morale dialectique » dans Les Mains sales

Les Mains sales est sans doute l'une des pièces maîtresses du « théâtre politique » de Sartre, pour reprendre sa propre expression. Et sans doute qu'il est plus facile de l'interpréter si l'on fait référence à la *Critique de la Raison dialectique*, dans laquelle Sartre donne des « repères » pour comprendre la « morale dialectique » qui structure la pièce. Ainsi semble-t-il y avoir une dialectique de la fin et des moyens dans l'attitude préconisée par Hoederer, le responsable communiste :
« Hugo - Je n'ai jamais menti aux camarades. Je ... A quoi ça sert de lutter pour la libération des hommes, si on les méprise assez pour leur bourrer le crâne ?
Hoederer - Je mentirai quand il faudra et je ne méprise personne. Le mensonge ce n'est pas moi qui l'est inventé : il est né dans une société divisée en classes et chacun de nous l'a hérité en naissant. Ce n'est pas en refusant

de mentir que nous abolirons le mensonge : c'est en usant de tous les moyens pour supprimer les classes.
Hugo - Tous les moyens ne sont pas bons.
Hoederer - Tous les moyens sont bons quand ils sont efficaces. »

La dialectique semble ici aboutir au fameux principe réaliste qui veut que la fin justifie les moyens. Mais il ne faut pas se leurrer. Ce que Hoederer affirme dans sa dernière réponse, ce n'est pas la possibilité du mensonge, mais bien au contraire, il dénonce lui-même la contradiction du discours de Hugo. Pour Hoederer, la conception révolutionnaire de Hugo, l'intellectuel anarchisant, est en son fond contradictoire, car elle repose sur un discours de la vérité et de la pureté qui font elles aussi partie de l'idéologie, qui est pourtant justement ce qu'il faut dépasser. Le discours de Hugo est donc miné en son fond par sa dépendance vis-à-vis de la classe dont il vient. Certes la dialectique n'est pas que dépassement, mais aussi conservation de ce qui est dépassé, comme dans l'*Aufhebung* hégélienne, mais la synthèse y crée du nouveau, alors qu'avec Hugo, la synthèse n'est que la prise de parti pour l'une des deux thèses constituant la contradiction. Hugo reste prisonnier de l'idéologie qu'il prétend abolir. Ce qu'il faut donc comprendre, c'est que le mensonge est en fait un effet de la société bourgeoise. Cette dernière est obligée de faire du mensonge un système pratique, qui implique la négation de ses principes par ses actes, afin de marquer la « fracture » sociale qui la constitue. Du même coup elle fait de la vérité un système idéologique qui n'est que la projection inversée du mensonge, mais qui ne sert qu'à défendre *sa* vérité. Derrière le mensonge idéologique, il y a donc un mensonge bien plus pernicieux et primordial, selon Hoederer, c'est le mensonge de la société elle-même : les contradictions de classes. Et voilà ce qu'il faut dénoncer, selon Hoederer : la négation abstraite du mensonge qui ne détruit pas la société bourgeoise mais perpétue le principe même du mensonge et du mal. Il faut donc dénoncer l'héritage de la bourgeoisie qui, en ne s'attaquant qu'aux aspects négatifs du système, mais inévitables, oublie de s'attaquer à la loi même du système. Le « mensonge » d'Hoederer, que condamne Hugo, est donc la condition de possibilité d'une réelle efficacité de la révolution, contre la révolution des intellectuels, nécessairement vouée à l'échec.

Telle est la « morale dialectique » : il faut évacuer les tabous moraux de la *praxis* révolutionnaire, créer un langage nouveau, véritablement révolutionnaire, qui dépasse les contradictions de la bourgeoisie et de l'idéologie officielles. Mais la révolution n'étant pas encore réalisée, il faut une période transitoire qui s'assortit du langage technique des moyens et des fins : « Ce n'est pas en refusant de mentir que nous abolirons le mensonge, c'est en usant de tous les moyens pour supprimer les classes ». La « morale dialectique » s'attaque donc non pas à ce que la bourgeoisie considère comme un mal, mais aux fondements du mal *et du bien*[33]. Il est donc impossible de prôner la liberté avant la libération concrète du mensonge et du mal. Il faut se donner les moyens de mettre en place les conditions réelles de cette liberté en effectuant la libération concrète au lieu de parler de la liberté abstraite. On ne renverse pas un système de l'extérieur : mais il faut accepter d'entrer en lui pour mieux le supprimer.

Morale et athéisme dans Le Diable et le Bon Dieu

Morale et athéisme sont intimement liés chez Sartre ; ainsi *Le Diable et le Bon Dieu* est une pièce qui repose sur l'opposition

---

[33] Cf. Pierre Verstraeten, *Violence et Ethique* (Paris, Gallimard, 1972).

des valeurs morales que sont le Bien et le Mal. Ce que dénonce Sartre, c'est l'idée que la morale résiderait dans un ensembles de principes immuables, alors que le Bien et le Mal sont des réalités mouvantes, non pas absolues mais relatives, relatives aux circonstances, aux situations particulières, et du même coup impossible à déterminer d'avance par un code préétabli. Non, la véritable morale est vie, « jaillissement ininterrompu de nouveauté », comme eût dit Bergson, c'est-à-dire création. D'où le risque d'être taxé d' « immoralisme », dès lors que le Bien et le Mal ne sont plus des valeurs fixes, constituées, constituant des systèmes clos. Telle est en effet l'idée que Sartre combat dans *Le Diable et le Bon Dieu*, à savoir que le Bien soit un absolu déterminé, et que le Mal soit aussi un absolu déterminé. Ce n'est que quand Goetz, le héros de la pièce, parviendra à se dégager de cette fausse croyance, que du même coup il parviendra à se libérer. La pièce se situe vers la fin du Moyen Age. Déjà s'annonce la Réforme. Goetz est un bâtard. Il est un chef au service des évêques et barons de l'Allemagne. Il n'a fait que le Mal, humilié qu'il était par sa naissance trouble, mais dans la joie et la fierté. Goetz croit, c'est le présupposé de Sartre, que le Mal est un

absolu. Un soir que le Mal a particulièrement fait rage, Catherine lui demande :
« Et pourquoi faire le Mal ?
Goetz - Parce que le Bien est déjà fait.
Catherine - Qui l'a fait ?
Goetz - Dieu le Père. Moi, j'invente. » (*Le Diable et le Bon Dieu*, p. 89[34]).
Goetz est alors défié par un prêtre qui prétend avoir la révélation de l'existence absolue du Mal :
« Goetz - Donc, tout le monde fait le mal ?
Heimrich - Tout le monde.
Goetz - Et personne n'a jamais fait le Bien ?
Heimrich - Personne.
Goetz - Parfait. (Il rentre sous la tente). Moi, je te parie de le faire. » (*Ibid.*, p. 119).
On le voit, le Bien, comme le Mal, est conçu, un peu dans une sorte de pharisaïsme bourgeois du XIXème siècle, comme un tout existant par soi. Ce qui permet à Goetz de faire son pari : faire en tout le Bien. Le problème, c'est que passant du Mal au Bien, Goetz reste dans le cadre d'une valeur absolue, au lieu de définir cette dernière en fonction des circonstances. Il échoue à

---

[34] Nous nous référons, ici, comme par la suite, aux éditions du théâtre de Sartre publié chez Gallimard. Pour une bibliographie plus exhaustive, voir R.-M. Albéres, *Jean-Paul Sartre* (Paris-Bruxelles, Editions universitaires, 1953).

apporter le bonheur à son pays, et comprend ainsi que le Bien n'est pas une idée théorique et abstraite mais une réalité pratique et concrète.

On comprend alors en quoi consiste l'athéisme de Sartre. L'athéisme n'est en effet que la conséquence logique de cette mauvaise conception de la morale. C'est la religion qui est responsable de concevoir le Bien comme une idée abstraite et immuable, fixe. La religion n'est qu'une doctrine trop rigide, qui pose le Bien comme un absolu à travers lequel ce qui est découvert, c'est la loi, et non la grâce. C'est elle, et donc avec elle Dieu, qui sont accusés. « Nul ne peut choisir le bien des autres à leur place » dit Goetz à la fin de la pièce. C'est que le christianisme est une doctrine qui considère le Bien comme une idée toute faite, et l'impose à la manière du pharisaïsme. Goetz n'a plus qu'à refuser cette croyance et prôner la vie des hommes plutôt que la loi de Dieu : « C'est cette chair et cette vie que j'aime. On ne peut aimer que sur terre et contre Dieu. » (*Ibid.*, p. 238). refusant le manichéisme du Bien et du Mal, Goetz déclare : « Je veux être un homme parmi les hommes. » (*Ibid.*, p. 275). En fait le thème du *Diable et le Bon Dieu* est très classique : déjà traité par Tirso de Molina au XVIIème siècle dans *Le Damné pour manque de Foi (El*

Condendo por desconfiado), il met en scène l'incompatibilité de la liberté humaine et de l'existence de Dieu. L'athéisme existentialiste de Sartre est une revendication du concret sur l'abstrait, d'une morale de l'acte et du choix et non de la croyance et de l'obéissance.

La responsabilité dans Les Séquestrés d'Altona

Dans *Les Séquestrés d'Altona*, Sartre nous montre son inquiétude devant le monde contemporain et, corrélativement, nous dit qu'il faut pourtant le vivre, l'assumer totalement, c'est-à-dire ne pas seulement être le témoin, mais l'acteur de ce monde travaillant à être responsable. Lorsque Frantz accepte et revendique la responsabilité de ses actes, c'est en fait Sartre qui parle à travers lui : « Siècles, voici mon siècle solitaire et difforme, l'accusé. (...) Le siècle eût été bon si l'homme n'eût été guetté par son ennemi cruel, immémorial, par l'espèce carnassière qui avait juré sa perte, par la bête sans poil et maligne, par l'homme (...). O tribunal de la nuit, toi qui fus, qui seras, qui es, j'ai été ! J'ai été Moi, Frantz von Gerlach, ici, dans cette chambre, *j'ai pris le siècle sur mes épaules, et j'ai dit : j'en répondrai. En ce jour et pour toujours.* » (c'est nous qui soulignons). En fait, la pièce entière met en scène le problème, et ceci, à travers différents personnages, de la fuite vis-à-vis de notre responsabilité ou de la manière de l'assumer pleinement. Or l'homme, comme le dit Hegel, est « le fils de son temps ». Comment, dans ces conditions, assumer la culpabilité de Dachau, de Stalingrad, ou encore d'Hiroshima ?

Tel est le problème qui se pose à travers les deux personnages que sont le père et le fils von Gerlach, issus d'une famille de puissants industriels allemands. L'un et l'autre ont leur part de responsabilité, au sens de culpabilité. Le père, qui n'a pourtant pas été nazi, n'a cependant rien fait pour entraver l'accession de Hitler au pouvoir ni pour empêcher la terreur nazi : ainsi a-t-il vendu à Himmler un terrain qui pourtant, il le sait, serait destiné à servir de camp de concentration. De même son fils Frantz, qui n'a lui rien d'un nazi, a toutefois combattu pour l'Allemagne sur le front de l'Est afin de conquérir, par tous les moyens possibles, galons et décorations.

Une fois la guerre bien terminée, dans la défaite, et le « miracle économique allemand » concrétisé, Frantz ne peut assumer ni celui-ci, ni celle-là, et il décide de se séquestrer, incapable de vivre dans la bonne conscience d'une Allemagne dominatrice.

Cette incapacité à assumer, tire certainement son origine de l'enfance de Frantz. En fait Frantz n'est jamais parvenu à l'âge d'homme, lui le « petit Prince »[35], lui qui a toujours été sous la protection de son père puissant et riche. on peut dire qu'il n'a jamais répondu de ses actes (c'est son père qui le faisait à sa place). En d'autres termes, il n'a jamais assumer sa liberté, si ce n'est dans le mal, c'est-à-dire en Russie, où il devint libre en quittant l'innocence pour la culpabilité, à Smolensk, où il tortura des partisans en étant le seul maître de sa décision, dans une totale et entière liberté.

Le problème, c'est que Frantz ne peut oublier le mal et assumer sa liberté. Ressentir le bonheur après tout cela, ce serait retrouver l'irresponsabilité de son enfance. Frantz sait qu'il est coupable, mais il n'est pas capable de dépasser sa culpabilité. Il semble que le problème soit insoluble. Mais un personnage essaie de sauver Frantz ; il s'agit de Johanna, sa femme. C'est elle qui le fait sortir de la chambre du pavillon de chasse, situé près de la résidence des von Gerlach, où il s'est séquestré. C'est qu'elle cherche à le pousser

---

[35] Cf. Bernard Dort, « Frantz, notre prochain ? », *Théâtre populaire*, n°35, 1959, repris dans *Théâtre public* (Paris, Editions du Seuil, 1967).

vers une reconnaissance de la réalité. (Il faut dire que Johanna, elle aussi, est aux prises avec son passé de star, un passé d'irresponsabilité). Finalement Frantz avoue son passé de tortionnaire et lui qui s'était cru homme, s'aperçoit qu'il n'est qu'enfant. Mais l'enfant d'un père voué à la mort (il est atteint d'un cancer), le « prince » d'un roi qui n'a que les apparences du pouvoir. L'un et l'autre sont tout à la fois incapables d'être ce qu'ils paraissent et d'apparaître tels qu'ils sont. Ni l'un ni l'autre n'assume son être. D'où leur choix commun, qui est de mourir. Sans doute la mort du père et du fils peut apparaître, d'un point de vue théâtral, comme la libération de Frantz et de son père, devenus enfin héros et débarrassés de leur responsabilité. En fait cette double mort est plus certainement pour Sartre le symbole de la mort d'une certaine bourgeoisie impuissante devant ses propres contradictions, celles qui apparaissent entre ses actes et sa morale. Plutôt que d'une délivrance par la mort, il faudrait voir dans cette dernière une ultime fuite devant la responsabilité. L'acte moral (au sens sartrien) seul aurait permis de prendre conscience de cette responsabilité et d'agir en conséquence. Tel est le paradoxe de la morale sartrienne : « On ne fait pas ce qu'on veut et cependant on est responsable de ce qu'on est : voilà le fait. » (*Présentation des temps modernes* in *Situations, II*, pp. 26-27).

Au terme de cette analyse, le théâtre de Sartre nous apparaît, on le voit, comme l'exemple même d'un engagement philosophique. Sartre est en fait le philosophe dramaturge combattant de la liberté. A travers les cinq pièces sur lesquelles nous nous sommes penchés, il est clair que tout concourt à nous donner l'impression d'une véritable dramaturgie philosophique dans laquelle ce qui compte c'est de penser, de prôner, d'illustrer une idée centrale : celle de la liberté. Car si celle-ci est thématisée dans *Les Mouches*, on la retrouve aussi dans *Huis-clos* : que le conflit soit l'essence des relations avec autrui nous invite en effet à penser que la liberté sartrienne est absolue, au sens étymologique, ab-solue, sans lien. L'intériorité de la liberté ne se lie pas à l'autre. Elle interdit toute espèce de construction à plusieurs. Ainsi la liberté est-elle indissociable d'une « morale personnelle », qui met l'homme face à sa condition d'être responsable (comme dans *Les Séquestrés d'Altona*) et solitaire, sa liberté étant incompatible avec l'existence de Dieu (c'est ce qui apparaît dans *Le Diable et le Bon Dieu*). Aussi s'agit-il d'une morale de l'action concrète, « morale dialectique » et non morale moralisatrice du manichéisme. Tout se rejoint en fait dans ce véritable système philosophique qu'illustre le théâtre de Sartre : pas de liberté sans responsabilité, pas de responsabilité sans morale, pas de morale sans humanisme (et donc, paradoxalement, pas de morale sans athéisme), pas d'humanisme sans action, c'est-à-dire sans engagement. On le voit, la formule philosophique du théâtre sartrien est la suivante : pas de liberté sans engagement, pas d'engagement sans quête de liberté.

CONCLUSION

Peut-être la vérité est-elle une femme, qui a des raisons de ne pas laisser voir ses raisons ? (...) Oh, ces Grecs ! Ils s'y entendaient à la vie ! (...) Ces Grecs étaient superficiels - par profondeur...
(Nietzsche)

Si donc, comme nous l'avons vu, on trouve une haine du théâtre à l'origine de la philosophie, il n'en reste pas moins vrai qui théâtre et philosophie entretiennent des relations essentielles qui dépassent cette opposition et cette tension. Il y a, assurément, une communauté d'esprit entre dramaturges et philosophes. Est-il besoin de rappeler que Marlowe se nourrissait de l'œuvre de Giordano Bruno, que Shakespeare s'imprégna de Machiavel et Montaigne, que Molière a traduit le *De Natura rerum* de Lucrèce, que Goethe s'inscrivait dans la filiation de Spinoza, que Brecht a formulé le désir de fonder une société Diderot, que « Charlot » aimait lire Schopenhauer, qui citait lui-même Shakespeare et Calderon ? Il y a un lien essentiel entre dramaturgie et philosophie. Comme le disait Jean-Luc Godard à propos du cinéma : « Un mouvement d'appareil est une question de morale. » La remarque vaudrait aussi bien pour un metteur en scène qu'un cinéaste. D'ailleurs, l'histoire du théâtre n'est rien d'autre, bien souvent, qu'un reflet de l'histoire de la philosophie. Ainsi le théâtre du Moyen Age était un théâtre de l'impersonnel : on y représentait des valeurs comme la Sagesse, la Pauvreté, la Philosophie, l'Histoire. Ces valeurs étaient les véritables personnages. Il n'y avait pas à proprement parler de personnages réels. Tandis qu'avec l'apparition de la question philosophique de l'existence, de la conscience, le théâtre s'est transformé, à l'image du théâtre d'un Bob Wilson, en une représentation du « je », du « moi », bref en un théâtre de l'identité, et non plus des « Moralités ». C'est enfin une chose bien connue que philosophie et théâtre se sont inventés au même moment, à savoir avec l'apparition de la démocratie en Grèce. Plusieurs arguments concourent donc à nous faire penser que théâtre et philosophie sont intimement liés.

Mais là où ce lien transparaît le mieux, c'est sans doute à propos des finalités respectives du théâtre et de la philosophie. Ce qui relie en effet le dramaturge et le philosophe, c'est leur commune volonté de tendre à l'éducation du genre humain. Comme le dit Elisabeth de Fontenay dans « Théâtre et philosophie » (*Bulletin de la Société Française de Philosophie*, séance du 22 novembre, 1986, p. 11) : « Toute pièce de théâtre (...) offre à la communauté des instruments qui permettent d'enregistrer et comprendre les changements. Même le théâtre le plus fataliste, le plus pessimiste enseigne à maîtriser le destin (...), la représentation, si du moins elle se pense elle-même et s'avoue non réelle, aboutit à tester le réel et à essayer le vrai. » Le théâtre est en fait le lieu d'un enjeu essentiel, car, tout comme la philosophie, il est le lieu où se formule une façon de représenter le moyen de s'inscrire dans le monde. Au fond, théâtre et philosophie auraient tous deux quelque chose à voir avec un certain didactisme. Tous deux visent à éduquer la communauté humaine en lui faisant prendre conscience de ses propres problèmes. Ainsi le théâtre est-il toujours le reflet d'une conception particulière du monde. Il y a, assurément, une articulation du théâtre sur la philosophie et de la philosophie sur le théâtre. Toute une tradition l'affirme, à l'instar de Diderot qui, dans le *Fils naturel*, fait dire à Constance que le théâtre est une école de vertu (acte IV), tout comme le disait Racine dans la Préface de *Phèdre*. Le théâtre, comme la philosophie, naît d'un besoin de dire une vérité. La différence entre eux, c'est peut-être que la vérité au théâtre ne se démontre pas, mais, au mieux, se montre. D'où la solution que propose Diderot dans son fameux *Neveu de Rameau* : devant l'impossibilité de faire adhérer les mots de la philosophie au contexte social - impossibilité qui se fait jour quand le philosophe et Rameau se rendent compte qu'ils utilisent les mêmes mots en des sens différents - la seule issue est de proposer autre chose, à savoir la pantomime, le délire musical, bref, la vraie philosophie, non pas celle qui se démontre, mais celle qui se joue, se danse, c'est-à-dire se montre.

Finalement, théâtre et philosophie constituent un couple de domaines qui font bon ménage, même si, à l'origine, leur relation s'institue dans le conflit et la haine. Le philosophe n'aime pas la simulation, le dramaturge n'aime pas la démonstration, mais tous deux sont, à leur manière, en quête de vérité. Ainsi une théorie de la dramaturgie nous enseigne que l'illusion sur laquelle repose toute représentation théâtrale n'empêche pourtant pas celle-ci de véhiculer une certaine vérité. De même une dramaturgie de la pensée nous apprend ce que la philosophie emprunte au théâtre, tant dans son contenu que dans sa forme. S'il y a une philosophie du théâtre, il y a aussi, assurément, une théâtralité de la philosophie. La substance commune au théâtre et à la philosophie, c'est ainsi la vérité de l'apparence et, comme dit Nietzsche, « l'illusion de l'Etre ». La vraie philosophie, c'est alors d'être théâtral ou, si l'on veut, superficiel par profondeur.

BIBLIOGRAPHIE

L'Art du Théâtre. N° 4 (printemps 1986) Arles, Actes Sud / Théâtre national de Chaillot.
Bulletin de la Société Française de Philosophie (séance du 22 nov. 1986). Théâtre et philosophie. Paris, Colin, 81° année, n° 1 (jan-mars 1987).
ALBERES, René-Marill. *Jean-Paul Sartre.* Paris-Bruxelles, Editions Universitaires, 1953.
ARISTOTE. *Poétique.* Paris, Seuil, 1980.
BELAVAL, Yvon. *L'Esthétique sans paradoxe de Diderot.* Paris, 1950.
BERNHARD, Thomas. *Emmanuel Kant.* Paris, l'Arche, 1989.
BRISVILLE, Jean-Claude. *L'Entretien de M. Descartes avec M. Pascal le Jeune.* Arles, Actes Sud-Papiers, 1986.
DELEUZE, Gilles. *Nietzsche et la philosophie.* Paris, PUF, 1962.
DIDEROT. *Paradoxe sur le comédien.* Paris, GF, 1981.
DORT, Bernard. « Frantz, notre prochain ? », in *Théâtre public.* Paris, Seuil, 1967.
GOLDSCHMIDT, Victor. *Le Système stoïcien et l'idée de temps.* Paris, Vrin, 1989.
GRANIER, Jean. *Le Problème de la vérité dans la philosophie de Nietzsche.* Paris, Seuil, 1966.

HEGEL. *Esthétique*. Paris; Flammarion / Champs, 1979.

LAING, Ronald D. *Soi et les autres*. Paris, Gallimard / Essais, 1971.

LEIRIS, Michel. « Oreste et la Cité », in *Brisées*, Paris; Mercure de France, 1966.

MARCEL, Gabriel. « Huis-clos » in *L'Heure théâtrale*. Paris, Plon, 1959.

NIETZSCHE, Friedrich. *Œuvres philosophiques complètes*. Paris, Gallimard, 1967-92.

PLATON. *République*. Paris, GF, 1966.

ROUSSEAU, Jean-Jacques. *Lettre à d'Alembert sur les spectacles*. Paris, Gallimard / Folio, 1987.

SARTRE, Jean-Paul. *Théâtre*. Paris, Gallimard, 1943-51.

SOBOL, Joshua. *Solo*. Saint-Etienne, Publications de l'Université / CIEREC, 1994.

STOICIENS. Paris, Gallimard, Pléiade, 1962.

TAMINIAUX, Jacques. *Le Théâtre des philosophes*. Grenoble, Millon / *Krisis* , 1995.

VERSTRAETEN, Pierre. *Violence et éthique*. Paris, Gallimard, 1972.

TABLE DES MATIERES

Avant-Propos 7
Sommaire 9
Introduction 11
Première partie : Pour une théorie de la dramaturgie : de la haine à l'amour du théâtre 19
Chapitre I : Critique philosophique et rejet du théâtre 21
Platon : de l'illusion théâtrale au théâtre de la vérité **23**
La critique du théâtre dans la *Lettre à d'Alembert* de Rousseau **37**
Chapitre II : Analyse philosophique et éloge du théâtre 53
La valeur philosophique de la tragédie selon Aristote **55**
Le paradoxe sur le comédien de Diderot **69**
Le théâtre ou la poésie dramatique dans l'*Esthétique* de Hegel **79**
Deuxième partie : Pour une dramaturgie de la pensée : théâtralité de la philosophie 97
Chapitre I : Philosophie théâtrale : le théâtre dans la philosophie 99
L'idée d'une dramaturgie cosmique chez les Stoïciens **101**

Le paradoxe de la pensée tragique de Nietzsche **115**
Chapitre II : Théâtre philosophique : la philosophie dans le théâtre 127
Trois mises en scène de la philosophie : *Solo* de Joshua Sobol, *L'Entretien de M. Descartes avec M. Pascal le Jeune* de Jean-Claude Brisville et *Emmanuel Kant* de Thomas Bernhard **129**
L'engagement philosophique dans le théâtre de Sartre **147**
Conclusion 171
Bibliographie 177
Table des matières 179

www.ingramcontent.com/pod-product-compliance
Lightning Source LLC
Chambersburg PA
CBHW071502040426
42444CB00008B/1459